あなただけの人生をどう生きるか

若い人たちに遺した言葉

渡辺和子 Watanabe Kazuko

★——ちくまプリマー新書

304

カバー・本文イラスト　新井陽次郎

目次 * Contents

第1章

学びはじめるあなたへ

考える葦に

きびしい進学勉強の後の安堵《あんど》感の中にも、皆さんには新しい環境への適応、従来と異なった勉強の仕方、教師、友人とのかかわり方など、数多くの不安があると思います。私たち教職員と在学生は、皆さんが一日も早く学校に慣れ、また大学生活になじんでくださることを願い、そのためにお役に立ちたいと思っています。

普及したとはいえ、現在の日本ではまだ四人に一人しか大学進学が許されていません。その一人である皆さんは、したがって、「なぜ大学に学ぶのか」という点ではっきりした目的を持っているはずです。〝皆が行くから私も行く式〟で入学したとしても、または親の言いなりになってきたとしても、今日からは一人ひとりが大学に学ぶ意義を自分なりに見出《みいだ》し、達成してゆかなければならないのです。

パスカルが、「人間は一茎の葦《あし》にすぎない。それは宇宙の中でもっとも弱いものである。しかしそれは考える葦である」と言いました。大学は数多くの免許状、資格を出すことができます。しかし大学は決して職業教育の場ではありません。それはまずもって、人間のもっとも人間らしい機能、すなわち「考える力」を練磨する道場であり、その明確な判断に基づいて己れの行為を選択する自由人を形成するところであります。

英文、国文、家政、児童、食品・栄養と所属する学科は分かれていても、大学生としての皆さんに共通して求められることは、一般教育課目にせよ、専門課目にせよ、授けられる知識に能動的に働きかけて、知識を知恵に、すなわち自分にとって価値あるものにしてゆくことです。これが考える力を付与された人間の特権です。

皆さんの四年間が自らの手によって意義あるものとなりますように。人間は価値あるものに取りかこまれている時幸せです。この大学にお学びになる皆さんの幸せは、利己的なものでなく、他人の幸せを願う心のゆとりと、神の前に生きる人の謙虚さによって特徴づけられていてほしいと思います。

成人してゆく女性の美しさに加えて、考える力と、豊かな心と、謙虚さがこの四年間つちかわれるようにと祈ります。

（『昭和四十七年度〈第二十四回〉入学式式辞』一九七二年四月）

皆さんに求められるのは、
授けられる知識に
能動的に働きかけて、
知識を知恵に、
すなわち自分にとって
価値あるものにしてゆくことです。

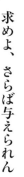

求めよ、さらば与えられん

大学はなんとなく入学し、そのまま卒業することもしてできないところではありません。しかしながら、それはたった一回限りの人生の中の数年間を過ごすには、あまりにもったいない過ごし方です。昨今、人間らしい生活ということが合言葉となって公害が糾弾され、損なわれない自然、豊かな生活の保障が求められていますが、人間らしく生きるためにもっとも根本的なものは、まず人間そのものが、他の誰も送ることのできない自分の生活を、意識しながら、充実させながら生きてゆくことにあるのではないでしょうか。

大学という「考えること」をたいせつにする場において、かかる生き方が求められるのは当然のことです。さらに言えば、ミッションスクールの一つであるこの大学においてはいっそう求められてしかるべきものでしょう。ノートルダム清心女子大学は、今から二十四年前、宣教師《ミッショナリー》たちによって始められましたが、彼等は漠然と生国を後にした人々でなく、明確な意識のもと、自分たちに課せられた使命《ミッション》があることを自覚した人たちであり、またその使命のために一生涯を捧《ささ》げた人たちでした。彼等によって始められたこの大学は、同じ精神に生きる人々によって受け継がれていかねばならないのです。

次に、大学は職業教育の場でなく、自由教育（liberal education）の場であることを銘記していただきたいと思います。大学は学士号を賦与し、種々の資格を与えますが、その第一の目的は自由人の育成にあります。「真理は、汝《なんじ》を自由にせん」という言葉に表わされる正しい判断のもとになされる正しい選択が大学における講義、演習、実験の目的とならねばならないのです。

キリスト教的価値観はその判断の基準において表われます。今し方読まれた聖書の言葉は、この世の中で「たいせつなもの」はなにかを示しました。バラのクラスとして入学なさった皆さんは、バラが象徴する愛について深く考える人たちであってほしいと願います。

「求めよ、さらば与えられん。探せ、さらば見出さん。叩《たた》け、さらば戸は開かれん」という聖書の言葉のように求める人、探す人、自ら戸を叩く自主性を持った人として大学生活を送りましょう。かくてはじめてかけがえない四年間は有意義に過ごせるのです。

皆さまの日々が幸多いものであるように祈ります。

（『昭和四十八年度〈第二十五回〉入学式式辞』一九七三年四月）

「求めよ、さらば与えられん。
探せ、さらば見出さん。
叩け、さらば戸は開かれん」
という聖書の言葉のように
自主性を持った人として
大学生活を送りましょう。

受け身でなく積極的に

皆さんは、ここ数年の間、大学入試という一つの目標をいつも掲げて、その目標の達成のために過ごしていらっしゃいました。今日、その目標を達成した時点における入学宣誓式というものは、皆さんにとって、新しい目標を設定する日であり、これからの四年間、絶えず、その目標を謙虚に検討しながら、それに近づいていこうとする出発の日であります。

小学校、中学校、高等学校の教育に比べて、今日から始まる大学の教育において、なにが大きく違っているかといえば、学問の質、または量というものよりも、むしろ学ぶあなた方の学問に対しての態度です。今までどちらかというと受け身的に勉強させられていたのに対し、これからは、自分で求めて研究し、学問をしていく場に変わります。

ですから求める人には、それだけのものが与えられるでしょうし、求めない人は、やはり、それだけのものしか得られないでしょう。もし、皆さん方が、大学というものを、入ってしまえば、後は卒業するまでなんとなく過ごせばいいところだ、といった安易な気持ちで考えていらっしゃるとしたらば、たいへんもったいないことです。なぜもったいないかというと、これからの四年間はあなた方の一生に二度と来ないかけがえない日々であるからです。一日一日は、二度と帰ってきません。特に大学に学ぶ間のように、経済的にも、社会的にもあまり責任を負わされないで、考えたり、本が読めたり、話し合えたりする時間、好きなことに打ちこめる時間は、二度とないと言ってよいでしょう。

この大学は職業訓練所でもなければ、教員養成所でもありません。リベラル・アーツ・カレッジと呼ばれ、自由人の育成をめざす教育の場です。学士号の資格、およびさまざまな免許状も、適当な単位を取り、必要な授業に出ることによって得られますけれども、大学の主たる目的は、なにを「取得するか」でなく、いかなる人に「なるか」にあります。真理に対し、善に対し、美に対して、すなおに自由な人になること、それが大学で行われる授業、演習、実験などの目的であります。

この大学に学びつつ、成長していらっしゃる皆さんの美しさは、お化粧または衣装による美しさでなくて、知的な美しさでなければなりません。もし皆さんが人の目をひくとすれば、それは決して、奇抜な行動、服装、言動によってではなく、むしろ、深い教養と、今の世に数少なくなった他を先にする態度、美しい言葉づかい、やさしい思いやりによってでなければならないのです。皆さん方の強さというものも、男子と肩を並べ、しのぎをけずるその強さ、他人をけおとしてまで、自らが抜きん出ようというその強さではなくて、自らと闘い、自らに勝つことができる強さです。

また、大学生としての自由さというものは、親とか他人の干渉を排して無責任に自分の好き勝手なことをするという自由さではなくて、自分が判断する際の自由であり、その判断にしたがって得られる自由さです。大学に学ぶものとして無知から自由となり、自らと闘うものとして、情欲からも自由となり、他人の思惑、他人からの強制などに拘束されることなく信念を持って、真理であり、善であり、美である御者にしたがっていく自由さを得ることなのです。

四年たち、やがて卒業する時になって、四年間の間にあった出会いが本当にかたじけなかった、そして、自分のかけがえのない数年が悔いなく過ごせたと、皆さん一人ひとりが言える日々であるようにと心から祈っております。どうぞ、これからの皆さんのご生活が先ほどの神父さまのお祈りにもございましたように、本当にたいせつなものを、お互いに手をたずさえて求め、見出していく日々でありますように。

人からほほえみかけられるよりも、むしろ、ほほえんでいく人、人から愛されるよりも、愛していく人、理解されるよりも、理解し続けていく人、そして、慰められるよりも、慰めることに喜びを見出す積極的な生き方を皆さんが選んでいってくださるようにと祈ります。


〈『昭和四十九年度〈第二十六回〉入学式式辞』一九七四年四月〉

真理に対し、善に対し、美に対して、
すなおな自由人になること、
それが大学で行われる授業の目的です。

自由教育

新入生の皆さんには、長い間の受験を中心とした生活が終わって、大学生という恵まれた一つの時期が、今日から与えられることになります。たぶん今までできなかった旅行もしてみたい。読めなかった本も読みたい。今まで強制的にしなければならなかった勉強を自分の好きに選んでしたいといった、いわゆる自由な時間に対しての期待に、大きく胸をふくらませていらっしゃることでしょう。それと同時に、新しい学校、初めての先生、まだ知らない友だち、そして大学の授業という未知のものに対しての不安をお持ちかと思います。ここにいらっしゃる先生、職員、そして上級生の方々が、皆さんをこれから指導し助けてくださいます。しかしながら、皆さんは今日持っていらっしゃる不安をある意味ではたいせつにして、生活にあまり慣れてしまわないで新鮮さをいつまでも持っていてください。

ちょうど今から二十日ほど前に、この同じ記念館から四百数十名の卒業生を送り出しました。その人たちが、卒業する前に書いた「大学の四年間を振り返って」というレポートに、「自分にとって入学当初の大学の自由というものは、苦しみでもあった」という述懐がありました。進学、受験、勉強に追われた高校時代に夢にまで見た自由かも知れません。けれどもその自由は、また苦しみでもあります。なぜなら、自由な時間の使い方に対しては、それを使う人が全責任を負わなければならないからです。

大学での教育を英語で、リベラル・エデュケーションと言います。皆さんもよくご存知のウーマンリブという言葉の「リブ」に表わされるように、リベラルという言葉は、自由、解放という意味を持っています。それでは人間を自由にし、人間を解放する教育とは、いったいなにから自由にし、なにから解放するのでしょうか。それは無知からくる不自由からの自由であり、情欲にとらわれている自分自身が正しく判断し、その判断にしたがって選択する自由であります。また頑固に一つのことを固執して、他を入れない自分からの自由、小さなことにこだわることなく、本当にたいせつなものをたいせつにして生きる自由とも言えましょう。換言すれば、真理に対し、善に対し、美に対して、すなおに開かれた人になること、これが自由人を育成する大学の使命であり、仕事でもあります。ですから、大学で享受する自由というのは、決して勝手気ままなことをすることでもなければ、間違ったことを押し通そうとすることでもなく、怠けたり遊んだりする自由でもありません。正しく考え、正しく選ぶ自由。今まで自分が正しいと思っていたことが誤りだとわかった時に、すなおに真理にしたがっていくその自由です。

大学にはまた、本当にたいせつなものをたいせつにして、その価値観のもとに自分の生き方を決めていく、人格形成の自由があります。受験勉強のしからしむるところとして、もし今までの生活が非常に自分中心に、利己的であったとしたら、今日からこの大学で、先ほどの神父さまのお祈りにもありましたように、人の幸せを願い、人の幸せを喜ぶことを学んでいただきたいと思います。もし、今まで怒りっぽくて、感謝することを知らない生活だったとしたならば、この大学で他人を許すこと、感謝すること、そしてほほえみをたいせつにすることを習ってください。

もし、今までの皆さんの生き方が、理解されること、慰められること、愛されることのみを追い求めた生活だったとしたら、この大学で、理解されるよりも理解すること、慰められるよりも慰めること、愛されるよりも愛することの喜びを知る人になっていただきたいと思います。なぜなら、この大学の母体であるノートルダム修道会の創立者、ジュリー・ビリアートは、そういう人を育てるためにこそ教育事業を興したからです。マザー・ジュリーが蒔《ま》いた種の、実りの一つであるこの大学で学ぶ皆さんは、学問だけでなく、創立者のこの精神を四年間に学んでください。

皆さんがこの大学に入れたということは、ご父兄をはじめ、多くの方々のお蔭《かげ》です。このことに対しての感謝の気持ちを忘れないで謙虚に生きてください。

今年卒業した人たちの書いたレポートの中に、「在学中もっと勉強すればよかった」という言葉がありました。それを入学式で言うのはおかしいかも知れませんけれども、どうぞ皆さんは、卒業する時にこの言葉をレポートに書かなくていいほど、充実した毎日をお送りになるようにと心から祈って、今日のご挨拶にいたします。

〈『昭和五十一年度〈第二十八回〉入学式式辞』一九七六年四月〉

理解されるよりも理解すること、
慰めるよりも慰めること、
愛されるよりも愛することの喜びを
知る人になって
いただきたいと思います。

なにから誰へ

長い間の受験勉強が過ぎて皆さんは言うに言われない解放感を味わっていらっしゃるかと思います。それは、進学という一つの大きな目的から解放された解放感であると同時に、今や、新しい目的を自分で設定して、このかけがえのない四年間というものを生きていかなければならない義務感を伴うものとも言えましょう。

最近、総理府が国民の余暇の使い方を調べた社会生活基本調査によると、中学生は一日に八時間四分勉強するそうです。それに比べると、高校生は七時間九分、そして大学生は四時間四十四分という結果が出ています。「大学に入るまでは必死で勉強するけれども、入ってからは、遊ぶ一方だ。大学はレジャーランドではないだろうか」という巷《ちまた》の声を裏づけるような時間の長さです。しかしながら、大学における勉強は質において異なるものでなければなりません。すなわち、「覚える」ことに専念した自分から、「ものを考える」自分に変わってゆくということなのです。ものを覚えることは機械でもできることですね。それに対して、自分なりに、考えて、選んで、その選んだことに対して責任を取っていく、人格としての生き方というものは、人間にしか許されないものです。

生まれた時には、「あれはなんですか」「あれは人間です」という、「なに」という対象にすぎなかった私たちが、今や、一人ひとり名前を持った「誰」の対象となっています。そして、その名前があなた方以外の誰もさすことのない、かけがえのない自分になること、この人格化のプロセスというものが、教育の一つの大きな役割だと思います。どうぞこの名前を持った一人として、自分で考え、自分で選び、その行動に対して責任を取っていく生き方を、四年間に学んでください。

増田四郎という方が、『大学でいかに学ぶか』という本の中で、「大学で勉強する、学問する究極のねらいは、ひじょうに広い意味で、一貫した立場、ものの考え方によって、あなたの周辺に生起するさまざまな出来事の意味を、統一的にとらえる、そのとらえ方の練習にある」ということを書いていらっしゃいます。一貫した立場、ものの考え方によって、自分のまわりに起こるいろいろなこと――学校で習ったこと、家で経験したこと、お友だちと話したこと、自分の身に降りかかるさまざまのこと――そういう出来事の意味を統一的にとらえていくその練習が大学で行われるのです。言葉を換えて言えば、自分の価値観というものをつくって、なにがたいせつかということを自分ではっきりさせていくことだと言ってもよいかと思います。そしてその結果として先ほど言いましたように、あなたにしかつくれない自分の生き方というものをつくり、いろいろなものごとの意味を統一的に自分なりにとらえていくことが大学四年間の一つの大きな課題といえるでしょう。

ところでそうすることは、大学に学ばなくても、高等学校を出ただけでお仕事や家庭にお入りになった方たちにも不可能なことではないのです。けれども、皆さんが「おめでとう」と入学を祝われ、恵まれた境遇に置かれたということは、学識・経験の深い教職員の先生方からいろいろなことを教えていただき、また親切な上級生、同級生の方々と、ふれあうことによって、ものごとに対して、なにがたいせつか、自分の生き方はどうあるべきか、ということについての助言・忠告・話し合いを持つことができることにあるといってもいいかも知れません。

この大学は、ノートルダム清心女子大学という名前が示すようにカトリック系の、そして世界に数多くの姉妹校を持つ、国際的なノートルダム修道会が経営している大学です。したがって、この大学の根本的な教育理念というものは、「愛にましま す神」にかたどってつくられた、理性と自由意志を持った人格の育成にあります。毎日の生活において、私たちの周辺に起こるすべてのことが、「愛にましま す神」によってつかさどられていること。私たちが習うすべての学問・知識というものも、愛に還元されなければ意味がないということ。その神につくられた兄弟として、お互い同士、愛と思いやりをたいせつに、神の前に謙虚にすなおに生きること。後にも先にもない、かけがえのない自分、かけがえのないあなたというものをたいせつにしていくこと。これを、この大学は、先ほどの本の言葉を借りて言えば、「一貫した立場、ものの考え方」として保持してまいります。それを皆さん方が、ご自分の統一的な見解になさるかどうかは自由です。しかし、この大学は、カトリックの四年制の大学として、学問・研究の追求の場であると同時に、学生の人格形成を今言いましたような、キリスト教的な理念に基づいて行いたいと考えています。

また、大学には多くの資格を付与する権限が与えられています。たぶん、ここにいらっしゃる新入生の方たちの中には、幼稚園・小学校・中学校・高等学校・養護学校の免許状、または管理栄養士・栄養士・司書教諭の資格を手にしたいと思ってお入りになった方もあるかと思うのです。そういう方が事実多いかも知れません。四年後には、学士号というものも、一つの資格として皆さんに与えられるでしょう。しかしながら、外から与えられ、手にする資格・免許状でなくて、皆さん方の体の中に、皆さん方の人となりの中に、四年間の間につちかわれなければならない資格というものは、実は学問をして得られる自由さというものなのです。

職業教育を旨《むね》とする学校・大学に比べて、私たちノートルダム清心女子大学は、英語で言うと、リベラル・アーツ・カレッジと呼ばれる一つのカテゴリーに入っています。そしてそこで行われる勉強は、たとえそれが免許状・免許証などにつながるものであったとしても、その根本的な考え方の中には、リベラル・エデュケーション——人間を自由にする教育というものがなければいけないのです。なにに対して人を自由にするのかと言えば、美しいもの・善いもの・聖なるもの・真なるものに、すなおに心を開く自由な人、自らの情欲にとらわれることなく、虚偽にかたよることなく、偏見を持つことなく、真・善・美・聖、そういう価値に対して開かれている教育が、私たち教職員、学生の間においてたいせつにされていかなければ、この自由教育を行うリベラル・アーツ・カレッジというものは存続する必要性を失います。

今からちょうど三週間ほど前に皆さんと同じ場所から、四五七名の人たちが巣立っていきました。その人たちが、一年生に入ってから四年生で卒業するまでに、より自由な人になることができたように、皆さんも勝手気ままということではなくて、ほんとうの意味で自由な人におなりになるようにと願います。人間の基本的な欲求の一つに、安定感というのがあります。皆さん方は、一方では大学生という身分におちついた安定感を、今日持っていらっしゃいますが、同時に、新しい場に慣れていない不安感もお持ちでしょう。私も十六年前にこの大学に初めて来た時に皆さんと同じようなフレッシュマンの気持ちで、とても不安なことがたくさんありました。脇に並んでいらっしゃる先生方も、上段に坐《すわ》っていらっしゃる上級生の方たちも、あなた方と同じような不安感を一度はお持ちになったと思うのです。いつか皆さん方も必ずお慣れになります。できるだけ早くこの大学の校風に、教職員・在学生・校舎、そして、たいせつなことは大学で、いかに学ぶかということにお慣れになって、私たちの大学の非常に重要な一員と、それぞれがおなりになるようにと願います。

アメリカの有名な教育学者で、高等教育について多くを書いているハッチンズが、「大学は社会を映す鏡であり、同時に、その行く手を照らす篝火《かがりび》である」ということを言っておりますが、どうぞ皆さんの一人ひとりが篝火として、知性と愛の火を高く掲げてこの四年間をお過ごしになりますように、心から祈って、私の今日の式辞といたします。

（『昭和五十三年度〈第三十回〉入学式式辞』一九七八年四月）

自分なりに、考えて、選んで、
その選んだことに対して責任を取っていく、
人格としての生き方というものは、
人間にしか許されないものです。

役割指向の生活を

皆さんは、今までの長い間の受験勉強からの解放感と、今日から始まる新しい大学生活への期待と、そして見知らぬ人たちの中、新しい環境の中での生活への不安、そういうものが入り交じった気持ちを抱いて、今ここにいらっしゃることでしょう。

高等学校までの生活と、今日から始まる大学の生活を比較するいろいろの言葉があります。たとえば、「覚える教育」から自分の頭で「考える教育」に変わること、与えられたものを「受ける姿勢」から、自分で「求めてゆく姿勢」に変わってゆくこと、「学習」の場から「学問」の場に移ること、しかしながら、今日、もう一つ皆さん方の今までの生き方と、これからの生き方を比較した言葉を贈りたいと思います。

それは、今までの皆さんの生活が、目標指向（goal oriented）というものであったのに対して、今日からの四年間は、役割指向（role oriented）に変わってほしいということです。ゴールとロール、たった一字の違いですけれども、片方は目標、片方は役割という意味です。今までの十数年間、皆さんも、そしてご家族の方も、いつも次の進学というものを目標にして、またお互い同士も追いつけ追い越せというゴール指向の生活だったかと思います。それが、今日からは、自分が世界の中で、どういう位置を占めているか、自分の役割はなんだろうか、と考えるロール指向の生活に移ることができるし、また移ってほしいと思うのです。それはどういうことを意味しているかというと、私はいったい誰かという自分の identity を求める生活であり、自分はなんのために生きているのか、という人生の意味、または自分の存在価値について友人と話し合う時期であり、さらに自分は人のために、社会のために、なにができるだろうか、どう生きるべきか、という生き方、使命というものを考える貴重な四年間と言っていいでしょう。たぶん皆さん方の一生の中で、今日から始まる四年間ほど、精神的にも、時間的にもゆとりのある期間はないと思います。それだけに、どうぞその間に、自分を自分らしく育てていくこと、ほかの人と違う自分の確立をめざしてください。

この大学の性格は、リベラル・アーツ・カレッジという言葉で表わされ、このような四年制の大学で行われる教育を、リベラル・エデュケーション（自由教育）と呼びます。それは職業教育と対比していわれる言葉で、職業人の育成でなくて、自由人の育成をめざすものです。言葉を換えて言えば、自由教育というのは、ゴール指向の教育ではなくて、ロールを指向していく教育、自らを見つめ、自らを育てていく教育だと言っていいかも知れません。たしかに、単位を取る、資格を得る、学士号を手にするというゴールがあります。そして、それに到達することもたいせつですけれども、それはあくまでも結果として手に入るものであって、自由教育がめざすものは、むしろ、そのプロセスにおける人間の成長だと言っていいかと思います。

人間は一生の間、成長を続けるものです。その成長は、単なる知識面における成長、または身体的な成長だけでなくて、むしろ人間本来の姿として、自由における成長でなければなりません。したがって、一生という過程での貴重な四年間に、この大学で行われる授業、または先生方とのコンタクト、お友だちとの対話、その他すべてのactivityは、それを通して皆さん一人ひとりが、より自由になるためのものでなければならないわけなのです。より自由になるということは、勝手なこと、好きなことをするという意味ではなくて、より正しい判断を持つことができるということです。先ほど、〝真理を追求し〟と宣誓なさいましたが、自由とは本当に正しいものを正しいと見ることができることです。また、まやかしの善、一時的、刹那的、利己的な善でなくて、真の幸せに導く善を選んでいく自由さでもあります。

たぶん皆さん方は、今までにも、私の人格を認めてほしい、私の人格が無視される、というような言葉を家や学校で使っていらっしゃったことでしょう。そして、その言葉はとてもたいせつな言葉なのです。これからも皆さん方がご自分の人格を無視されないように生きてほしい、ご自分の人格を認めてくださいということを絶えず主張する人であってほしいと思います。しかしながら、その言葉を出すからには、人格という言葉にふさわしい人でなければならないのです。これは、先ほど言ったように、材料をもとに自分の頭で判断し、選択し、その結果に対しては、他人に責任を帰したり、ほかの人を悪者にしたりしないで、自分で責任を潔《いさぎよ》く取ることのできる「人格」でなければ、言ってはいけない言葉なのです。

この大学は、カトリック大学です。そして、それは決して、皆さん方一人ひとりが洗礼を受けるということを意味していません。それは私たちの授業、生活、学校運営などの根本に、キリスト教的な価値観があるということです。そうでなければ、看板に偽りあることになります。それは一言でいえば、「愛」をたいせつにすることだと言ってもいいでしょう。

ある時、キリストに弟子たちが「愛とはなんですか」と尋ねた時に、キリストは、「それはあなたがしてほしいことを、人にもしてあげるということです」と答えています。反対からいえば、人からされてつらかったこと、嫌だったことを、人にわざとしないようにするということでもあるわけですね。思いやりと言ってもいいです。

「愛」ということは、また、私たち一人ひとりが偏差値とか、学歴、財産、家柄、そういうものによって評価されるのではなくて、名前を持ったかけがえのない一人としてたいせつにされるということをも意味しています。だから、どうぞ皆さん方も、自分自身をたいせつにしてください。自分の生命、身体、健康、心を粗末に、ぞんざいに扱わないでくださいね。そして、自分の生命、身体、心をたいせつにするように、ほかの人も一人ひとり、その人の痛み、その人の悲しみを持ち、その人なりの幸せを願って生きていることを忘れず、そういうものに無関心でなく生きてください。先生方も、お父さま、お母さまたちも、みんな一人ひとり、幸せを願いながら生きているかけがえない人たちだということを忘れないでください。それが「愛」ということなのです。

どうぞ充実した四年間を過ごしてほしいと祈ります。そして、充実した四年間というものは、“今”という瞬間の充実なしにあり得ません。また、今日という一日の充実の積み重ねでしかないのです。だから今をたいせつに、今日一日をたいせつに、生きましょう。

聖書の中に、「一日の苦労は一日で足りる。明日のことを思い煩うな。明日は、明日が心配するだろう」という言葉がございます。一日の苦労は一日で足ります。それだけに、今日という日を、これ以上よく生きられないほど、一生懸命、お互いに生きてゆきましょう。そして、その積み重ねの四年後に、たぶん皆さん方は、学士号というゴールに到達なさることでしょう。そのプロセスにおいて、一人ひとりが、ご自分のロール、自分は誰か、自分はなんのために生きているのか、そして、自分はいかに生きるべきか、という役割を明確になさることを心から祈っています。

今日、ここに教職員の先生方、在学生の代表者、そしてグリークラブ、オーケストラのメンバーの方たちが集まって、皆さんのご入学を祝っております。皆さん方が一日も早くこの大学に慣れて、かけがえのない一生の間の四年間を悔いなくお送りになることができるように、お手伝いをしたいと思っています。人格としての成長を遂げていく一日一日をお送りになるように心から祈って、今日の皆さん方へのご挨拶にいたします。

〈『昭和五十八年度〈第三十五回〉入学式式辞』一九八三年四月〉

今日からは、自分が世界の中で、
どういう位置を占めているか、
自分の役割はなんだろうか、と考える
ロール指向の生活に移ってほしい。

自由人の育成

大学とはなにをめざすところか、数多くの定義が、古来なされていて、また時代とともに、少しずつ変わらざるを得なくなってきています。しかしながら、いつの時代にも変わらない本質的なもの、それを言い表わした一人に、十九世紀の神学者であり、詩人・教育者・哲学者でもあった、ジョン・ヘンリー・ニューマンという人がいます。この人は、一八五一年に、ダブリンのカトリック大学の学長に就任し、翌五二年に、『大学の理念』The Idea of a University という本を書き著わした人です。カーディナル・ニューマンと呼ばれているこの人は、その本の中で、大学というところは、知性を練磨するところであり、そのめざすところは、自由人の育成にある、と書いているのです。

私たちの大学が、この変わることのない本質、それに基づいて、リベラル・アーツ・

カレッジという性格を保ち続けて、自由人の育成にあたっている所以《ゆえん》もここにあります。

では、自由人というのは、いったいどういう人をさすのか。これもいろいろの考え方がありますが、皆さん方もおわかりのように、決して自分勝手な、好きなことをする人という意味ではありません。その言葉が示すように、自らに由《よ》ることができる人、自らに由る思考、行動、それのできる人であり、その責任を取ることができる人。他に由るのではなく、つまり、他人の言いなりになったり、他人への思惑に振りまわされたりする人ではなくて、自分の内部に行動の理由、または信念を持っていて、自分の手で自分の人生を築いていくことのできる人。これが、自由人の一つの解釈といっていいかと思います。

自らに由るといいますけれども、皆さん方も自分でわかるように、その「自ら」、つまり、あなた方ご自身はまだまだ未完成であり、不完全なところの多い人たちです。これは私たち教職員についても同じことが言えます。私たちは、一生をかけて、自分のなるべき姿に近づいていくわけです。したがって、大学で行われる講義、演習、実験、実習、先生方とのさまざまのかかわり、先輩、または、同級生との交わり、そういうものは、この「自分」が判断するために、いったいどこに、適切な、しかも正確なデータが求められるか、または、その求めて得られたデータをもとにして、どのようなプロセスを経て、決断に到達したらいいかという方法を学ぶ場、つまり、知性を練磨する場であるということが言えるかと思います。

さらに、この大学では、ノートルダム清心女子大学という名前が示すように、キリスト教に基づく教育が行われています。したがって、どういう価値基準に基づいて選択するかという時に、キリスト教的価値観が、皆さん方に提示されます。それを選ぶかどうかは、これまた、皆さん方の自由です。

今から数年前に、この同じ記念館を卒業し、大手の銀行に就職した人が、手紙を書いてくれました。「大学生活の四年間というものを振り返ってみますと、非常に短いものであったように思われます。しかし、その間に、この大学ならではの講義を通して、キリスト教徒ではなくとも、人として考えるべき問題について考える時間を十分に持てたように思います。大学生活は、学生としての最終目的でもなく、就職のための手段でもなく、人が人として、よりよく生きていく上で役に立つものだということを、身をもって理解できたように思います」

山本有三が『路傍の石』という小説を書いています。その中に吾一と呼ばれる少年が登場しますけれども、この少年が、中学校の受験に失敗して、失望のあまり、自殺を企て、それが未遂に終わります。担任の教師が吾一を呼んで言います。「吾一、おまえの名前は、吾《われ》、一人と書く。この広い世の中に、たった一人しかいないおまえが、たかが中学校の受験に失敗したからといって、命を断とうとするなどは、もったいないことだ」。そして、そのあとで、こう言うんです。「たったひとりしかいない自分を、たった一度しかない一生を、ほんとうに輝かしださなかったら、人間、生まれてきたかいがないじゃないか」

自分の人生を輝かせて生きるということは、どういうことなんだろうか。人が人としてよりよく生きるということは、どう生きることなんだろうか。これを、この大学の四年間、皆さん方が一人で、または、先生方やお友だちとともに考え続ける日々であってほしいと思います。輝いた人生ということは、必ずしもステージの上で脚光を浴びるような、または、名誉、地位、財産に恵まれることを意味しておりません。よりよく生きるということも、必ずしも、今言ったようなことを意味していないのです。もしかすると輝いた人生を送り、よりよい人生を送るということは、他人に振りまわされることなく、自らに由って自由に生きるということを意味しているのではないかと思います。

神ならぬ身の人間は、数えきれないほど多くの条件のもとで生きなければならない定めになっています。自分の思うとおりの人生はありません。にもかかわらず、人間には、輝くことのむずかしい条件のもとで、輝くことのできる自由が与えられています。ほほえむことのむずかしい条件のさなかで、ほほえむことができる自由を持っています。さらに、人を愛することがむずかしい条件の中で、人を愛する自由も、人間にはあります。

この大学の母体であるノートルダム修道会、その創立者で、私たちが、マザー・ジュリーとお呼びしている方は、今、言ったような自由を持った人でした。病気になって、生涯のほとんどを全身不随で過ごしながら、自分を殺そうとする人々からの迫害に遭い、さらに、仲間の裏切りに痛めつけられながら、マザー・ジュリーと呼ばれる私たちの創立者は、「善き神のいかに善きことよ」という言葉を絶えず口にして、そして、その顔には、ほほえみが絶えなかったと言われています。それは種々の悪条件の中で、なおかつ、それら悪条件に屈することなく、自分の世界を持っていた、そして自分の人生を輝かせた一人の自由人の姿以外のなにものでもありません。この大学に学ぶ皆さま方も、どうぞこの創立者にならって、どのような条件のもとにあっても、自分が自分の人生を輝かせるその基礎を習ってほしいと思います。

この大学は、「吾二」の教育をめざしています。皆さん方のお名前は吾一ではないけれども、でも皆さん方は、一人ひとり、吾、一人という意味で、「吾二」です。そして、先生方は、皆さん方を、一人ひとり、かけがえのない、この世の中にたった一人の尊い存在として接してください ます。偏差値とかかわりなく、皆さん方には尊い価値があります。なにができるか、なにができないかという利用価値とかかわりなく、皆さん方には、ほんとうに尊い、かけがえのない存在価値があります。どうぞ、このご自分の価値に目覚めて、自分が「吾一」であること、そのことを心にわきまえ、さらに、お友だちの一人ひとりも、「吾一」であることに気づいて、これからの四年間をお過ごしください。

皆さん方のご入学を、教職員も在学生も、みんなお待ちしておりました。私たちは、この大学の学生たちを誇りに思っています。皆さん方が、この大学で、人としてよりよく生きること、そして、知性の練磨を通して、自由人におなりになる基盤をおつくりになることを心から願って、今日の式辞といたします。

（『昭和六十二年度〈第三十九回〉入学式式辞』一九八七年四月）

自分の思うとおりの人生はありません。
にもかかわらず、
人間には、輝くことの
むずかしい条件のもとで、
輝くことのできる
自由が与えられています。

第2章

大人になるあなたへ

一人の使命

今日は岡山—新大阪間に新幹線開通という記念すべき日であり、皆さまの卒業式はかくて覚えやすい日になりました。日本の繁栄とその高度に発達した科学技術の象徴であるかのような新幹線の走る姿を見る時、私たちは喜びと誇りを感じると同時に、この文明の利器をあやつる人間の心の中に、神への畏れと人を尊ぶ心が育つようにと願ってやみません。これが忘れられた時、利器は一変して人の命をあやめる凶器となることを、私たちは二十数年前のあの原子爆弾の時以来、ごく最近の事件にいたるまで、数々思い知らされてきました。また、豊かな物質が必ずしも人の心をも豊かにしていないこと、その物質を使う人の心に己れの欲望を抑える力が同時に育っていない時、物質の豊富さはかえって欲求不満をひきおこす原因ともなることを私たちはよく知っています。

アーノルド・トインビーは、「現代の人間の道徳と、物質的な力の間のアンバランスが、世界を恐ろしい危機に追い込んでいる。これを救うことができるものは、宗教に裏づけられた高い道義心である」と言っています。

今後ますます文明が発達し、高度に成長してゆくであろう日本にあって、今日この大学を巣立っていらっしゃる皆さんは、その文明を受け身で享受するだけでなく、ましてその文明の奴隷となって自らの主体性を失うことなく、むしろ積極的に、このような時代であればこそ必要な、宗教に裏づけられた高い道義心を、ご自分の中に、そしてご自分の生活を通して、接する若い世代の人たちに伝えていってください。

皆さんは多くを享《う》けたがゆえに多くを与えなければなりません。皆さんにとって「使命」とは、必ずしも国際連合の一員となり、または平和推進運動の女闘士となって、世界平和に寄与することでなくてもよいのです。有名人にならずとも、皆さんがご自分の置かれた場所で一日一日を精一杯生きること、言い換えれば命を使うこと、それが他ならない「使命」なのです。大学卒の女性が家庭に入って平凡な生活を送ることを、「もったいない」「つまらない」ことであるかのように考える風潮があります。私はそうは思いません。現在日本に起こっている数々の事件が「家庭教育」の重要さを、そして一人の母親が世に与える影響の大きさを教えてくれています。

昨年の大学祭のテーマ「パン種《だね》」、そして在学中しばしば耳になさった「一粒の麦」——いずれも聖書の中の言葉ですが——は、どんな小さなものでも、つまり、たった一粒の麦でも、それが己れに死ぬ時多くの実を結ぶことを、また少量のパン種が静かに大きなパンをつくることを教えてくれます。皆さんはこの一粒の麦となり、パン種となるべき人たちなのです。今、「団体」の力が大きく評価されてきています。私たちはこの時にあたり、一つのもののたいせつさを、一つの力の大きさを見落としてはならないと思います。

これから先、皆さん方がどんな生活にお入りになるにしても、「自分一人ぐらい」と思ってはいけません。その一人ぐらいと思っている自分に、たくさんの人がかかわっています。ある一人の人がでたらめな生活を送ることによって、その人間の一生に出逢《であ》うすべての人が、不愉快になり、迷惑を被り、そして不幸にもなります。「自分一人ぐらい」という考え方は、「相手一人ぐらい」という考え方と通じます。自分をいとおしむ心は、相手をいとおしみ、相手をたいせつにするのと同じ心なのです。

ある有名な女優さんがお書きになったものの中に、「自分は化粧水の最後の一滴をたいせつに使います。それは、もったいないというだけでなくて、その最後の一滴をたいせつにしなかったならば、その一滴がかわいそうだから」という言葉があります。演劇の世界の中にも、同じ素質を与えられながら、運命が違ったがゆえに使われなかった人がいて、そのことがその女優さんをして、化粧水の最後の一滴をたいせつにさせる一つの理由になったそうです。皆さんはこれから、数多くの化粧水の瓶を空《から》になさることでしょうが、最後の一滴を落とす時にこの話を思い出してください。そして最後の一滴をたいせつにする人になってほしいと思います。

「もし、あなたが期待したほほえみが得られなかったら、不愉快になる代わりに、あなたの方からほほえみかけてごらんなさい。なぜなら、ほほえむことができないその人ほど、あなたからのそれを必要としている人はいないからなのです」。これも、皆さんが在学中にお聞きになった言葉です。

これから皆さんがお出になる社会では、この大学と異なって、ほほえみをかけてくれない人、ほほえみを返してくれない人も数多くいると思います。人生は遊びではありません。それは仕事であり、さらに言えば一つの闘いです。朝起きても、楽しいことばかりある日はありません。むしろ、起きたくない朝がたくさんあります。それにもかかわらず私たちが起きて、しかもほほえみを浮かべながら過ごしてゆかねばならないところに真の勇気があります。笑いさざめいて過ごす人生ではなく、ちょうど果てしもなくつづくトンネルの後に開けてくる明るさ、苦しみを知った後の人だけが持つあの平和と喜び、明るい顔を皆さんが育てていらっしゃいますように。

今の皆さんには若さの美しさがあります。これからの皆さんは、苦しみを通った後にはじめて得られる、あの平和と美しいほほえみをもって、一生、美しい人で過ごしてください。

私たちには、自分の運命の輪郭を選ぶことが許されていません。しかしながら私たちは、その輪郭に内容を与えることはできるのです。「人間らしく生きる」ということは、ぜいたくに、安楽に、きらびやかに、そして有名な人になって生きることではなく、私の人生に与えられた輪郭に、私でなければつけられない意味を与えながら、私でなければ生きられなかった命を使って生きることです。

今、皆さんが手になさった学士号、それは一枚の紙です。名前がそれぞれ違っている以外は、ほとんど同じことが書いてある単なる一枚の紙でございます。しかしながらその一枚一枚には、四〇二の、それぞれの四年間が結集されております。だから尊いのです。そして、その同じ一枚の紙から、また、四〇二の異なった生涯がこれから始まろうとしています。

あなた方の大部分は、今後、二度と試験を受けたり、レポートを提出することで悩まされることはないでしょう。しかしながら今日から、皆さんの新しいレポートが始まります。毎日毎日が、そのレポートの内容になります。そして、人生の終わりに、追試も再試もきかない一つの評価が皆さん方に与えられます。

大学では、もしかしたらお友だちのノートを借りて、または一夜漬けで試験を通ることができたかも知れません。しかし、今度書くレポートと今度つく点は、ごまかしのきかぬ、皆さんが生きたように、その生きたさまをつける点でございます。

卒業証書の中に一枚のカードを入れておきました。そのカードには、テイヤール・ド・シャルダンの「ただ一つの義務、ただ一つの幸せ」という言葉が書かれてあります。

「人生にはただ一つの義務しかない。それは愛することを学ぶことだ。人生にはただ一つの幸せしかない。それは愛することを知ることだ」

皆さんはこの四年間に、それぞれの専門をおさめるとともに、「愛するとはどういうことか」をお学びになりました。これからの一生に、種々の形で課せられ、果たしてゆかねばならない義務の数々が「一つの糸」で結ばれておりますように。

これから皆さんがお味わいになる数多くの幸せ、種々の形で現われる幸せ、これも「一つの糸」で結ばれておりますように。その糸がなんであるかは、今日差し上げたカードに書いてあります。

今日を限りに、二度とお会いしない方がここに数多くいらっしゃいます。今日を限りに、この行きなれた大学への道を二度と通わない方もたくさんいらっしゃいます。しかしながら私たちは、〝心の出逢い〟と、この四年間、〝心につけた道〟をたいせつにしてゆきましょう。

皆さん方にお別れするにあたって、「さようなら」と言う代わりに、毎年の卒業生を送り出す時のように、「行っていらっしゃい」と申します。「皆さんの使命を果たしに行っていらっしゃい」。あなた方がどんなに平凡な一生を、世の片隅で人から忘れられて、辛《つら》い思いをしてお送りになっても、ともかくあなたにしかない命を、あなたらしく、他の誰も送れないように自分の命をお使いなさいませ。それでいいのです。

そして、皆さんがいつでも疲れた時、「ただいま」と言って帰れる大学がここにあることを、そして、「お帰りなさい」と言って待っている人たちがいることをお忘れになりませんように。

皆さん方のお幸せと、そして皆さん方が、人も自分もたいせつにして生きていらっしゃることを心からお祈りしています。

（『昭和四十六年度〈第二十回〉卒業式告辞』一九七二年三月）

もし、あなたが期待したほほえみが
得られなかったら、
不愉快になる代わりに、
あなたの方から
ほほえみかけてごらんなさい。

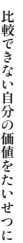

比較できない自分の価値をたいせつに

ギリシャのデルフィの神殿に〝汝《なんじ》、己れを知れ〟という言葉が書かれていたといわれ、洋の東西を問わず、時の古今にかかわりなく、人類の一つの目標として今日まで語りつがれてきています。皆さんがこの大学に四年間お学びになったということは、今しがた手になさった学士号を自分のものにしたということだけでなく、この四年間の教育、人々との交わり、そして数々の経験を通して自分自身をよりよく知るために役立っていなければならなかったはずです。

私たちは、普通、成功を喜び、失敗を悲しみ、楽しみを求め、苦しみを避けようとします。そして、それは人間として当たり前のことです。けれども、たとえ失敗であったとしても、それが失敗をした人に、己れをよりよく知る機会となったとしたら、私たちはありがたい賜物《たまもの》として感謝することさえできるのであり、よし成功であったとしても、もしもその成功が自分のありもしない姿に酔いしれる結果を生んだとしたら、むしろその成功はなかった方がよかったということになります。これからの皆さまのご生活の中には、成功も失敗も、苦しみも悲しみも、いろいろなことがあると思いますけれど、それらをそのものの価値として、受け取ると同時に、自分自身をよりよく知るために役立たせていくこと、これがあなた方に与えられている人間としての尊い力なのです。

今や、交通機関は発達し、情報というものも前よりもより敏速、多量に、距離を超えて伝えられる中で、私たちの周囲の学問の世界にも、比較文化とか、比較文学、比較言語と、いろいろな比較の世界が開かれてきています。そして私たち自身、この日本という国に、日本人としてのみ生活をしていれば足りるという時代は過ぎて、世界に起こっていること、日本から遠い所で行われていることとも無関係に生きることができなくなっています。比較は私たちの日常生活にも影響を与えています。

比較生活といってもいいかと思いますが、私たちは最近、自分の生活における満足とか、不満足というものをまわりの人を目安にして決めていないでしょうか。自分の大きさを、まわりの人の大きさ、小ささによってはかっていないでしょうか。自分の偉さ、つまらなさを周囲の人の成功、失敗というものにかけていないでしょうか。今日私たちが忘れがちなこと、そしてたいせつにしてゆかないといけないのは、自分自身の生活にプライドを持って誇り高く生きてゆくことです。

オーストリアに留学なさったある方が、そこでヨーロッパの各地から集まって来た学生たちの中に交じって、語学の面においても、他の面においても、人と比べて劣る自分の姿に嫌気がさし、みじめな日々を送っていました。学問をやめて国に帰ろうかと真剣に考えていたある朝、その学園の庭を歩きながら、そこに一本の小さな草が、小さな花を美しく咲かせているのを見ました。バラの花でもない、ユリの花でもない、カーネーションの花でもないけれども、その名もない一本の小さな花が、その花なりに、その花にしか咲かせることのできない花をつけている姿に、「小さきは小さく咲かん」という境地を得たと話してくださったことがあります。それは小さいことへのあきらめでなくて、引け目でなくて、小さいながらも咲いていることへの畏敬の念です。今、ここにいらっしゃる皆さんは、ほぼ同じ立場で、同じものを着て、同じ学士号を手にしていらっしゃいます。しかしながら、これからの生活は比較生活の連続であり、比較の渦の中での生活の連続かも知れません。その時に、どうぞ、あなたしか咲かせることのできない花を誇り高く一生咲かせてください。

日本語に自尊心という言葉があります。そして、辞書によるとその言葉は、自らを尊大にかまえること、自ら高ぶることといったあまりよくない説明がついています。しかしながら、福沢諭吉が主張した独立自尊という考え方、つまり自らを尊ぶ気持ちはたいせつにしないといけないことです。今の世の中に、それが比較生活の世の中であるがゆえに、いっそう深みにおいて、私たちがとらえてゆかなければならないことです。他の誰もなることができない私という存在が、私の足跡をつけて歩いていく一生、それはほかでもない誇り高く、自らかけがえない価値に目覚めて生きることであると同時に、他人をもまた、かけがえのない価値あるものと見ていく生き方です。

聖書の中に、〝汝、己れのごとく他人を愛せよ〟という聖句があります。そしてキリスト教の非常にたいせつな言葉として、私たちに教えられておりますけれども、私たちは他人を愛するに先立って、まず自分を正しく愛することを学ばねばならないのです。それは自分が生まれるより前に自分と同一人物が存在しなかったこと、そして自分が死ぬと同時に、また二度と存在することがない、それゆえに、今ここにある私というものを、私の命を本当に惜しみなく使いながら、使命を果たしてゆくことであり、このように自分のかけがえない価値というものに目覚め、いとおしむ人にしてはじめて、他人をも、比較できるものの中で、比較できないもの、つまりかけがえない他人として見つめていくことができるはずです。この世の中には比較できるものがたくさんあります。地位も、名誉も、財産も、学歴もそうです。しかしながら、この大学に四年間学んだ方は、比較できるものとともに、目に見えないもの、比較のできないもの、その最たるものとして、かけがえのない私たち一人ひとりの価値に目覚めていかなければいけません。

今日、ここにいらっしゃる三七〇人の方々、その中には、今日を限りに一生二度とお会いしない方がいらっしゃいます。そしてそれだけに、今日という日が本当に尊く、名《な》残《ご》り惜しいものとなりますけれども、どこにいらしても、どうぞ置かれた場で美しく咲いてください。人の一生の価値は長さでは決まりません。内容の豊かさで決まります。それはちょうど、私たちが伝記を読む時、その価値が伝記の長さや、本の厚さにあるのでなくて、その内容の充実度によるのと同じです。ある人が「たいまつは輝くためには、燃えることに耐えなければならない」と言いましたけれども、どうぞ赤々と燃えて、そして、その燃えるがための苦しみがあるかも知れないけれども、あなたしか与えることのできない輝きと愛を持って、美しい一輪の花がこの世に咲いたという証拠を残して生きていってください。

皆さまの大部分は再び試験とか、レポートの提出ということに悩まされることのない方だと思います。しかしながら、皆さん一人ひとりには人生という一つのレポートがまだ残っています。そのレポートが本から写して書くことができないものであり、他人に助けてもらって提出できないものであり、あなた方一人ひとりが歩んだように書かれてゆくレポートだということ、そして、その提出は、それぞれの人の一生の終わりであるということを忘れないで、誠実に、たゆみなく成長を続けていってください。そして、これから合うすべての経験を、あなた方が、ご自分をよりよく知るためのものにしてください。

己れを正しく知るということは、とりもなおさず、自分をつくってくださった神を知ることになります。謙虚に神の前に生きる自分の姿を知ることになります。「神、ともにまして」という賛美歌の中に〝荒野を行くときも、嵐吹くときも、行く手を示して導き給《たま》え〟という詞があります。そして今あなた方を送り出すにあたって、心からそう祈ります。

今日手になさった学士号、その中には、四年間お世話になった学科長の先生方の署名と、私のサインが入っています。また在学中、皆さんによく話した「ほほえみ」の詩が入っています。

「もし、あなたが誰かに期待したほほえみが得られなかったら、不愉快になる代わりに、むしろあなたの方からほほえみかけてごらんなさい。実際、ほほえみを忘れた人ほど、それをあなたから必要としている人はいないのだから」

どうぞ、ほほえみの美しい、そして、すべてを己れを知ることにかける人、そういう人として一生をお過ごしください。

毎年の卒業生に言うように、〝行ってらっしゃい〟という言葉で、この大学を送り出したいと思います。〝さようなら〟という言葉の方がふさわしいのかも知れませんけれども、ちょうど、卒業という言葉は、英語でCommencement（始まり）というように、皆さん方が本当に大学卒としての生き方をお始めになるのが今日の日です。

どうぞ、皆さん元気で行っていらっしゃい。そして、大学を忘れるほどに、ご自分の新しい人生に打ち込んでください。困った時、悲しい時、この大学が四季折々に美しい花を咲かせて、あなた方を変わらず待っていることを忘れないでください。

（『昭和四十八年度〈第二十二回〉卒業式告辞』一九七四年三月）

どこにいらしても、
どうか置かれた場で
美しく咲いてください。

泥かぶら

業を終える式——卒業式という日本語と反対の意味を持つかのように、英語ではこの式をCommencement（始まり）という言葉で表わしております。それは、今日という日が皆さんにとって大学の学業を終える日であると同時に、自分の手で自分の人生を切り拓《ひら》いていく、自分の幸せをつくっていく始まりの日であることを意味するからです。自分の手で切り拓いていく人生の一つの目標として、私は今日——そしてたぶんこのようにお話しする最後の機会になると思いますけれど——美しい人になっていただきたいということについてお話しします。

真山美保の「泥かぶら」という劇をご存知の方もおいでになるでしょう。非常に醜いがゆえに人々から〝泥かぶら〟とあざけられ、からかわれて、身も心もすさんでいく一人の娘がおりました。そしてその日も、はやしたてる村の子どもたちを竹の棒を振りまわしながら追いかけている時、一人の旅の老人が通りかかり、「おまえがそんなに美しくなりたいのなら、次の三つのことを来る日も来る日も守ってごらん。そうすれば、きっと美しい人になれる」と言いおいて去って行きます。

いつもにっこり笑うこと
人の身になって思うこと
自分の醜さを恥じないこと

その日から泥かぶらの自分との闘いが始まりました。何度もつまずき、志を翻《ひるがえ》そうとしながら、美しくなりたい一心で、この三つのことを守る泥かぶらの顔からいつしか険しさが消え、村の人々からは、お使いに、子守りにと重宝がられて、やがて村の人気ものになります。そんなある日、この村に人買いがやって来ました。泣いて嫌がる娘、そして悲しむ両親、その人たちに、自分が身代わりになることを告げて、泥かぶらはその人買いに買われていきます。道すがら村の人々がどんなに親切で、村の子どもたちがどんなにかわいいか、顔を輝かせて話す泥かぶらに、鬼のような人買いの心は、温かい人間の心に変わってゆくのでした。そしてある日、泥かぶらを置き去ってゆく人買いが残した一通の書き置きの中には「もうお帰り、仏のように美しい子よ」と書かれてあったということです。

この話にあるように、私たちの美しさというものは、生まれつきの器量によるものでも、高価な化粧品をたくさん使うことによって得られるものでも、整形手術を施すことによって得られるものでもありません。それはむしろ、その人の内面から、つまりその人の生き方から生まれてくるものであり、年齢に関係なくあるもの、素顔の美しさといってもいいでしょう。やがて自分の顔に責任を持たなければならない皆さん方が、今日、人生のスタートを切るに当たって、どうぞこの美しい人となる条件を一生忘れずに、ことあるごとに思い出していただきたいと思います。

この大学で四年間お学びになった皆さんは、美しくなる条件を、実は一つひとつ習っていらっしゃったのです。いつもにっこり笑うこと。私たちの、ままならない生活、嫌なこと、悲しいこと、つらいことが多い生活の中で、笑顔を守ることは大変むずかしゅうございます。たぶん、これから先の皆さんの生活の中で、いつも笑顔を保ち、ほほえみを忘れないということは決してやさしいことではないでしょう。その時に、私たちの創立者マザー・ジュリーが、六十五年の不遇、苦難、悲しみ、誤解、それ以外なかったような生活の中で絶えず浮かべていらっしゃった、あのほほえみを思い出し、その口に絶えず唱えていらした善き神を賛美する言葉を忘れないでください。

九条武子さんの歌に「抱かれてあるとは知らず愚かにもわれ反抗する大いなる手に」という歌があります。私たちは、大いなる手に抱かれていること、しかも愛のみ手に抱かれていることを信じてその手が許し、送ってくださる一つひとつの人生の試練に必ず打ち克《か》つことができること、また、その試練一つひとつが私たちを成長させ、より強い人間にすることによって幸せをもたらしてくれることを信じなければなりません。

心理学者のオルポートは、成長した人の一つの特徴として、人の立場に身を置くことができるということを言っています。道徳的に優れているだけでなく、私たちが、これから一生の間、人間的な成長を遂げてゆく上で、他人を思いやる心のゆとりというものがどうしても必要です。幸せは理解されることを望んでいるより進んで人を理解しようとすること、また、慰められることを待つよりも進んで他人を慰める人になること、愛されるよりも愛することによって得られるのです。

皆さんの大部分は、ご家庭にお入りになる方だと思いますけれども、決して狭いマイホームの幸せの中にとどまらないで、目を広く世間に向けて、特にコミュニケーションの盛んな今、私たちの生活の中に、嫌でも飛び込んでくる日本中の、世界中の出来事に心を開いて、苦しみ、悲しみ、不正にしいたげられている人たちのために、皆さんの愛の心を、愛の手を差しのべるようにしていただきたいと思います。多くを得た人は多くを返さなければならないのです。

比較生活と呼ばれる現代の生活の産物として、私たちの中には根のない優越感、劣等感というものが広くはびこっています。自分の生活に自信を持たない人、他人と比べて自分が良ければ幸せだけれども、悪ければみじめになる、浮草のような生活にひたっている人が多うございます。四年間皆さんは、この学校で比較ということもたいせつだけれども、比較できない、かけがえのないものがあることをお学びになったはずです。そして、そのかけがえのないものの中で、一番身近な、一番たいせつなものは皆さん一人ひとりです。

名前を持った人として、皆さんが生まれる前、皆さんの死んだ後に、同じ人がなく、たった一人であるがゆえに、この世に生まれ、また、生き続けなければならない皆さんが、かけがえのない価値を持っていることを、どんなに貧しい生活の中でも、どんなに不幸と思われる生活の中でも、信じて、そして自分に誇りを持って生きていってください。

とかく自分の醜さ、みじめさというものが目につきます。我ながらほれぼれとし、うっとりする自分を愛することはやさしいですけれども、嫌気のさす、愛想のつきる自分を愛することは、とてもむずかしいことでしょう。しかしながら、幸せに生きていくためには、醜い自分をも許し、自分と仲良く、やさしく、温かい会話を自分自身と交わしながら生きていくことがたいせつだということを、皆さんはこの大学でお学びになったはずです。

私たち一人ひとりは、〝泥かぶら〟です。今日もここにおいでになる前に何度も鏡をご覧になったことでしょう。今日も、明日も、死ぬまで私たちは何度も鏡を見ることでしょう。その度に、より美しくありたいと願い、その願いに応えていない自分に腹立たしさを感じて、竹の棒を心の中で振りまわす私たちです。そんな私たちに旅の老人は今日話しかけています。

「あなた方がそんなに美しくなりたいなら、次の三つのことを来る日も来る日も守ってごらんなさい。

いつもにっこり笑うこと

人の身になって思うこと

自分の醜さを恥じないこと

そうすれば、きっと美しい人になれる」

そうです。泥かぶらであるということは、美しくなることができる、幸せになることができる可能性を持っているということなのです。

今日の日本の教育は、幼い時から○×式のテストに始まって、なにが正しく、なにが間違っているのかということに重点を置き、溢《あふ》れるほどの知識を詰めこみ、私たちに真理というものの追求を強いてきました。また、道徳教育、生活指導、生活補導、話し合いを通して善い人になること、善業を行うことが教えられています。真理を求め、善を追う、そのことも重要なことだと思いますけれども、今日のように、お金にあかして醜いものが溢れ、また、機械技術文明の前に、人間が生きる自信を失っている時に必要とされているのは、美しさへの教育といってもいいかも知れません。

今日を限りに、もう二度とお会いしない方がここにたくさんいらっしゃいます。日本中に散っていらっしゃる皆さんが、それぞれの置かれた場所、置かれた境遇で、どうぞ小さくてよいから、自分にしか咲かすことのできない美しい花を咲かせてください。

先生、お友だち、その他の方々とお別れすることはもちろん、四年間通いなれた道とも別れ、四年間、四季折々に眺めた大学の花や樹々《きぎ》ともお別れをしなければなりません。皆さんが、この大学に記念として残していってくださる聖ジュリーのご像と一緒に、〝ただいま〟と言って帰っていらっしゃる日を待っています。〝さようなら〟でなくて〝行っていらっしゃい〟。この大学で、燃やすことをそして輝かすことを学んだ、ともしびの火を消すことなく、次々にその火を人々に与えながら、幸せに、美しい人としてお過ごしください。きらびやかな生活でなくてもいい、納得のできる生活をして、ご自分の生涯を美しく終えてください。

皆さんがどんなにつらい立場に置かれ、どんなに悲しい境遇に陥っても、皆さんの傍《かたわ》らにいつも神がましまし、ノートルダム―聖母マリアがましまして、皆さんを助けてくださることを心から祈り、今日の告辞といたします。

（『昭和五十一年度〈第二十五回〉卒業式告辞』一九七七年三月）

いつもにっこり笑うこと
人の身になって思うこと
自分の醜さを恥じないこと
そうすれば、
きっと美しい人になれる。

幸せをつくる人に

今しがた、一人ひとりが壇に登って卒業証書を受け取り、キャップの房の位置を変えることによって学士号を授与されたということを公になさいました。大学四年間の教育は一応これをもってピリオドが打たれたことになります。

アメリカの教育哲学者のホワイトヘッドという人が、「教育というものは教科書を捨て、講義のノートを焼いてしまい、また試験のために暗記したすべてのことを忘れ去ってしまった後に、なおかつその人に残っているものだ」ということを言っています。もしそうだとすれば、この大学での四年間の授業内容を全部忘れてしまった時に、皆さん方に残るものは、いったいなんでしょうか。たぶん、それは卒業してから思いがけない経験をしたり、または日常生活の中で、ふとした時にあなた方がお気づきになるものではないかと思います。

人間以外の動物の発達の方向というものは、本能と環境に規定された一筋の道をたどるのに対して、人間は与えられた刺激を欲求にしたがって解釈し、行動に価値と意味を与えることができる唯一の存在といわれています。

最近マスコミをにぎわせている悲しい出来事の一つに、自らの命を絶つ人々の記事があります。一概に言うことはできないかも知れませんけれども、その多くの人たちは、生きることに意味と価値を見出《みいだ》すことができなかった人、特に挫折に遭い、不幸や苦しみに遭遇した時に、それに耐えることができなかった人ということができるかも知れません。

この大学が四年間あなた方に伝えたいと思ったことは、「生きるということは価値があり、意味がなければならない。そして、もしその価値も意味も見出せない時は、自分でそれを見出していかなければいけない」ということです。言葉を換えて言えば、「幸せというものは、受け身で手をこまねいて、待っていて与えられるものではなくて、自分で築きあげ、つくりあげていくものだ」ということでした。

価値あるものに取り囲まれている時に人間は幸せです。だからといって、お金にまかせて高価なもの、新しいもの、立派なものを身のまわりに備えていれば、人間は幸せになるかといえば、決してそうでなく、私たちが、今日も明日も明後日《あさって》も、今年も来年も再来年も、愛する力、価値を見出す力を養っていく時に、幸せに過ごしていくことができる条件がつくられていくのです。

ところで、真の愛と呼ぶべきものは、愛するにふさわしいものを愛することではなくて、誰からも顧みられない価値なきものを愛することにあるということを、キリスト教の大学として、「汝の敵をも愛せよ」というきびしい教えを受けている大学として、皆さんに伝えてきたつもりです。皆さんの多くは家庭にお入りになって母親におなりになることでしょう。子どもたちにとって、最初の、そして一番尊い教師におなりになる皆さんは、この愛する力、すなわち、人に、ものに、事柄に価値を見出していく力をあなた方の子どもたちに必ず伝えていってください。お料理が上手になることよりも、運転の技術にたけることよりも、なによりも人間にとってたいせつな力は、この愛する力であり、それを死ぬまで私たちは育てていかなければならないのです。

天の父さま
どんな不幸を吸っても
吐く息は感謝でありますように
すべては恵みの呼吸ですから

これは、大学の正面玄関に掲げてある河野進先生の詩です。不幸を吸い込んでそのまま吐き出す人、不幸を吸い込んで人にまでその息を吹きかける人、不幸を吸い込んで精神的に死んでしまう人、そういう人たちは、ある意味では精神公害、大気汚染というものを増幅させているといっても過言ではないでしょう。

人間の尊さというものはお金があることではなく、名誉ある地位につくことでもなく、権力を自分の手におさめることでもなくて、この不幸を吸って自分の中で感謝に変えていく力、そのすばらしい力にあります。人間の主体性、人間性の回復と呼ばれるものも、この幸せを自分の手でつくっていく力を育て、自分以外の誰も、なにも、自分を不幸せにすることはできないというプライドをもって生きていき、そして価値がないかに見えるものにさえも、価値を見出していく、その積極性にあるのだと思います。

これは、決して苦しみとか、不幸を賛美したり、美化していることではないのです。私たちの一生というものは、できるだけ不必要な苦しみを除去し、不幸な人の数を減らすことに捧《ささ》げられていかなければなりません。しかしながら一生のうちに苦しいこと、悲しいこと、ままならないことが必ずあるとしたら、幸せになるためにはそれらにさえも価値を見ていくことがたいせつです。授業内容のすべてを忘れたとしても、皆さん方の心に根強く残っているものとして、幸せは自分でつくるものだということがあってほしいと願います。幸福というものは、往々にして人生をカバーしてしまいますが、それに反して苦しみは、ディスカバー（発見）させてくれます。苦しみが深ければ深いほど、その反対側にある美しい世界も輝いて見えます。皆さんは、卒業記念として照明灯を大学に寄贈してくださいました。あなた方の姿のない校庭を照らしてくれる光も、闇が濃ければ濃いほど、その輝きを増すことでしょう。

私たちは、生きる権利を主張しがちですが、果たして生きる義務があることを自覚しているでしょうか。幸せになる権利を主張する人は多くいますが、幸せになる義務に目覚めている人は少のうございます。どうぞ、その数少ない一人になってください。

『氷点』という小説の中に次のような言葉があります。

「自分一人ぐらいと思ってはいけない。その一人ぐらいと思っている自分にたくさんの人がかかわっている。ある一人がでたらめに生きると、その人間の出逢うすべての人が迷惑を被ったり、不幸になったりするのだ」

どうぞ、決してでたらめに、投げやりに生きないでください。なぜならば、あなた方一人ひとりに数多くの人の幸せがかかっているからです。あなた方と会ったがゆえに、以前よりもより不幸せになる人がないように。あなた方と会ったがゆえに、より親切に、より平和に、より幸せになる人が次々と増えていくことを祈ります。そしてあなた方自身も幸せを自分の手で築いて、そして生きる義務を全《まっと》うしてください。

毎年の卒業生と同じように、「さようなら」と言わないで、「行っていらっしゃい」という言葉で皆さんを送り出したいと思います。今日は珍しく雨が降っています。私がこの大学に来てから、こんなに雨が降った卒業式は初めてです。この雨の中を「行っていらっしゃい」と言うのはつらいことです。けれども「行っていらっしゃい」

機械化され、便利になり、スピード化した世の中、しかしながら人間にとって一番たいせつなものを忘れてしまっている世の中、考え、選ぶ、人格としての生き方、優しく温かく周囲の人にほほえみかける人間としての一番たいせつな生き方を忘れているその世の中に、この大学で習った教えを愛のともしびとして、世の光となって高く掲げていってください。

雨の降る卒業式も思い出の一つになることでしょう。今年は冬が暖かくて、毎年卒業式の日に咲いてくれる梅の花も咲ききってしまいました。梅、桜、れんぎょう、雪柳、そしてボケの花が春になると咲く校庭、くちなしが香り高くにおって、あじさいに色がついてくると夏休みも近い大学、そして秋も大学祭の頃になると、いちょうの葉が黄金色になって、私たちがその絨毯《じゅうたん》をサクサクと歩いて行くあの並木、山茶花《さざんか》の花が咲きこぼれる冬、その大学が、皆さんが帰っていらっしゃるのを待っています。

この大学を忘れるほどに、新しい生活に打ちこんでください。でも、疲れた時、そしてなにか忘れものがあると思った時、「ただいま」と言って帰って来てください。「お帰りなさい」といつも温かくあなた方を迎える大学にしておきたいと思います。皆さんの行く手に安楽な生活を望みたいと思いますけれども、それよりも、もっとたいせつなこと、どんな時にもほほえみを忘れない、どんな時にも笑顔を忘れない強い人になってください。

皆さん方のこれからの道を神がいつも見守ってくださり、ノートルダム—聖母が、あなた方の行く手を指し示してくださることを毎日祈っています。

〈『昭和五十三年度〈第二十七回〉卒業式告辞』一九七九年三月〉

人間の尊さというものは
不幸を吸って自分の中で
感謝に変えていく力、
そのすばらしい力にあります。

当たり前を輝いたものに

今日は、今から数年前、同じこの日、同じこの記念館を巣立っていった一人の卒業生の言葉を皆さん方へのはなむけの言葉にしたいと思います。

その人は、在学中、健康そのものの人でした。それが卒業後まもなく、病気になって入院し、非常に苦しみ悩んだのですけれども、やがて快方に向かった折に、一通の手紙を書いてくれました。その中に、こう書いてあったのです。

「ようやく外出許可がいただけました。久しぶりに地面を踏んだ時は、感激でした。今の私には、当たり前が、輝いてみえます」

この手紙を読んで、私は、病気がよくなったことが嬉《うれ》しかったとともに、病気という十字架が、この人を、ここまで成長させて、この言葉を書かせたことを、たいへん嬉しく思いました。「当たり前が輝いてみえる」。そして、この人から、幸せの秘訣《ひけつ》を教えてもらったように思ったのです。

私たち一人ひとりは、幸せになりたいと願っています。今日、ここに集まっていらっしゃる方たちは、あなた方一人ひとりが、一生の間、幸せに生きてほしいと、願っていてくださいます。

幸せの条件には、いろいろあって、人それぞれに違うかも知れません。ですけれども、共通して言えることは、自分が愛するもの、価値あるものに取り囲まれて、心が満たされている状態といっていいでしょう。ですから、幸せを願う人たちは、たやすく愛せる人を探し、やりがいのある仕事を求め、そして、すてきなもの、すばらしいもので、自分のまわりを囲みたいと願っています。今日の日本は、この種の幸せをあおるかのように、そして、それを満たすに十分な、物質的な豊かさと、過剰といっていいほどの刺激と情報に溢れています。お金さえ出せば、ほしいものがほとんどすべて手に入る世の中です。では、それらを手に入れた人たちがみんな幸せなのかというと、必ずしもそうではありません。なぜでしょう。

星の王子さまが答えを出しています。「地球上のみんなは、特急列車に乗りこむけど、いまではもう、なにをさがしているのか、わからなくなってる。だからみんなはそわそわしたり、どうどうめぐりなんかしてるんだよ……」「おなじ一つの庭で、バラの花を五千もつくってるけど、……自分たちがなにがほしいのか、わからずにいるんだ」。そして続けていうんです。「だけど、さがしているものは、たった一つのバラの花のなかにだって、すこしの水にだって、あるんだがなあ……」「心で見なくちゃ、ものごとはよく見えないってことさ。かんじんなことは、目に見えないんだよ」

今から約千三百年前につくられた日本の一番古い歌集『万葉集』（巻十四―三、四〇〇）の中に、一つの歌が収められています。

信濃《しなの》なる千曲《ちくま》の川のさざれ石も

君し踏みてば玉と拾はむ

たぶん、うら若い一人の乙女が、自分の愛する人、夫、恋人を送り出した後、〝その人が踏んだ石だと思えば、私には玉と思えるのです〟とうたった一首です。なにが、この当たり前の、どこにでもある石を、輝く玉に変えたのか、それはこの乙女の心に宿る愛する心、いとおしむ気持ちだったろうと思います。この人は何カラットかするダイヤモンドでなくても、愛する人が踏みしめたその石を、玉と抱いて幸せな人です。そして、私たちは、幸せの原点というものを、ここに見ることができます。

一つの庭にバラを五千本も植えることができるほど、物質的に富んで、特急列車ならぬ新幹線に乗りこんで旅行するスピード時代、社会はロボット化し、コンピューター化しています。ニューメディアが登場し、私たち人間の誕生と死さえも、生命科学が操作することができる時代になりました。しかしながら、人間の幸せは、万葉の昔から変わっていません。そして、人間が幸せを自分のものとする方法も変わっていないのです。

あの卒業生が、長い間病院のアスタイル、ビニールタイルしか踏めなかった自分が、私たち健康に恵まれたものにはなんでもない当たり前の地面を踏んだ時に、感激したということ、それを輝くものと見たこと、それはやはり、この万葉の乙女が石を玉と見る、目に見えない、たいせつなものを見るまなざしを持っていたからではないでしょうか。

これからの皆さん方のご生活は当初こそ、そして、いっときは、新鮮で輝くものに見えるかも知れませんが、やがて色あせた平凡な当たり前の日々に移行する可能性を、多分に秘めています。その平凡な毎日を、もっとも自分らしく、人格として歩むこと、一つひとつのことに意味を見出して生きること、それを真の知性と呼んで皆さん方はこの大学で身におつけになりました。先生方が、あなた方に知識を教え、技術を伝達してくださった以上に、あなた方に伝えたかったのは、「あなた方一人ひとりは、ただの石ではありません。玉ですよ」というたいせつな真理だったのです。

聖書の中に、「真理は、汝を自由にせん」という美しい言葉があります。この大学が標榜《ひょうぼう》する自由教育というものは、実はこの大きな真理の上にたてられているのです。私たち一人ひとりは、すでに愛されたものだという大きな真理、そして、その愛されたもののみが持つ自由さというものが、この大学のめざすものでした。

どうぞ、名前を持った、かけがえのない、たった一人の人としてご自分をたいせつにして、生きていらしてください。そして、あなた方が、接するすべての人々、教える子どもたち、お育てになるご自分のお子さま方、そしてさらに、接することさえない世界中の一人ひとりの人を、石でなく玉と見ることができる謙虚な、そして尊敬に満ちた心を持って、一生を過ごしてください。それは、間接的かも知れませんけれども、世界平和に寄与するたいせつな道なのです。

今年の冬は、岡山に珍しく、大雪が何度も降りました。今までにない寒さに、いつもならば今頃満開の梅の花が、まだ咲ききっていません。今年ほど、春の訪れを心をおどらせて待つ年もないでしょう。人生にもきびしい冬の時期が訪れることがあります。冬がきびしいからこそ、春が、当たり前の春が輝いて見えるのです。

私たちの創立者マザー・ジュリーは、冬のような一生を送りながら、絶えず春が訪れることを信じた人でした。そして、それゆえに冬を、しかも冬がきびしければきびしいほど、ありがたいということができた人だったのです。苦しみの中で、ほほえみを絶やさず、「神さまはなんといい方でしょう」ということしかおっしゃらなかった方でした。

ものごとがうまくいくから、ほほえむのではなくて、ほほえむから、ものごとがうまくいくのです。このことは忘れないでくださいね。ほほえむからものごとはうまくいくのです。

今日を限りに二度とお会いしない方たちが、ここにたくさんいらっしゃいます。今こそ、みんな同じ、キャップとガウン、フッドに身をかためていらっしゃいますけれども、今から十年先、二十年先には、あなた方の中には、何不自由ない生活、そして身を、いわゆる宝石で飾っている方があることでしょう。しかし、一方それと縁遠い生活を送らなければならない人たちもいらっしゃると思います。どちらでもかまいません。たいせつなことは、あなた方の、心が宝石で飾られていることなのです。一生の終わりに、残していかなければならない宝石を集めるのではなくて、永遠まで持って行くことができる、魂の宝石、愛を、心に豊かに育てていってください。

二十世紀のすぐれた生物学者で神学者でもあった、テイヤール・ド・シャルダンという人が、こう言っています。

「人生には、ただ一つの義務しかない。それは愛することを学ぶことだ。人生にはただ一つの幸せしかない。それは愛することを知ることだ」

どうぞ、このただ一つの義務を果たすために、そして、ただ一つの幸せをあなた方一人ひとりのものにするために行っていらっしゃい。毎年の卒業生を送るように、「さようなら」と言わないで、あなた方を「行っていらっしゃい」と言って送ります。それは、いつでも、「ただいま」と言って帰れるということです。

当たり前を輝かす人としての使命を持って行っていらっしゃい。そして、あなた方が、どこに置かれても、そこで自分の花を咲かせ、小さな愛のセンターをつくる人となるために行っていらっしゃい。この大学を忘れるほどに、新しい世界に、生活に飛びこんでいらっしゃい。でも、もし疲れたら、自分の生活を輝かせることに疲れたら、いつでも戻っていらっしゃい。あなた方の、懐《なつ》かしい先生方、学び舎《や》、四季折々の花が、そして、いちょうの木が、忘れものを思い出させてくれることでしょう。

あなた方一人ひとりの上に、神さまの豊かな御祝福と、ノートルダム―聖母のご保護を、心から祈って、今日の告辞といたします。

（『昭和五十八年度〈第三十二回〉卒業式告辞』一九八四年三月）

ものごとがうまくいくから、
ほほえむのではなくて、
ほほえむから、
ものごとがうまくいくのです。

一輪の花のように

「花の人生」という言葉を聞けばすぐ思い浮かべるのは、華やかなバラ色の生活かも知れません。しかしながら、むしろその同じ言葉から、一人ひとりの人生は一輪の花にたとえられる、と私が思い始めたのは、今から約十五、六年ほど前に、一つの詩をいただいたことによります。その詩には、こういうことが書いてありました。

「神さまが植えてくださったところで咲きなさい。仕方がないとあきらめてでなく、咲くのです。咲くということは、自分が幸せになるとともに、他人をも幸せにする生き方です。咲くということは、苦しみの中で、むしろ苦しいからこそ、ほほえみを忘れずに生きることです。神さまが私をここに置いてくださったということは、誠にすばらしいこと、ありがたいことだということをあなたのすべてが語っていることなのです」。英語で書かれていた詩はこのような意味を持っていました。

私も一人ひとりは花として生きたらいいと思います。小さい花、大きい花、早咲き、遅咲き、色とりどり、店頭に飾られて高く売られる花、豪華なパーティーに飾られる花があるかと思えば、ひそやかに、つつましく一生を終える花も多くあります。自分が願ったとおりの場所に植えていただいて一生を過ごすことのできる花もあれば、自分が望みもしなかった場所に植えられたり、移し替えられたりして一生を過ごす花もあることでしょう。もっと日当たりのいいところだったら、大きく咲けるのに、風当たりの少ないところだったら、すなおに、真っすぐに育つのに、あの邪魔ものがなければ、すくすくと伸びるのに、広々としたところならと、こんな思いが、私たちの一生の中には心をよぎることが何度もあります。そんな時に思い出してほしいのは、花にとって一番たいせつなのは、どこで咲くかではなくて、またはほかの花と自分を比べて見劣りがするか、または見栄えがするか、そんなことではなくて、咲くということです。自分にしか咲かせられない花を、神さまが置いてくださったところで懸命に精一杯咲かせるということです。

ひと見るもよし
ひと見ざるもよし
われは咲くなり

今年は国際婦人年から数えて十年目です。この十年間に婦人の地位は著しく向上しました。そしてこれから先、その自立にはいっそうの拍車がかかると思います。女性の自立ということは、決して単なる経済的自立、または家事、育児からの解放といった表面的なことをさすのでなくて、皆さん方がこの大学でお習いになった「一人格としての自立」です。それは、自分の幸せは自分がつくる、そして、ほかの誰も自分を不幸にすることはできない、誰も自分からほほえみを奪うことはできないという自立です。

あなた方は、いわゆる展示会場に並べられる、つまり、他人の手によって咲かせられる花であってはなりません。それを生涯の目的としてほしくないのです。「われは咲くなり」、そういう主体性を持って、どこに置かれても自分で咲く人になってください。咲くためには努力がいります。来る日も来る日も、見る人もないのに、なぜ咲かなければばいけないかという意味が必要になってきます。そして人生には楽しい日もあるし、楽しいこともたくさんあり、時間が過ぎていくのがわからないほどに充実した日々もあります。しかしながら、その反面、時間というものが、とても重苦しく思えるような、つらい時もたくさんあります。その時を生きる勇気というのは、自分の存在に価値があるということが認められ、自分の仕事、苦しみに意味があることが確認できる時に与えられるのです。

「生きるべきなぜを知っている者は、ほとんどすべてのいかにに耐えることができる」と言ったのはニーチェです。そして、この大学は、四年間、皆さん方に、この“how to live”いかにして日当たりのよいところ、風当たりの少ないところで生きる術《すべ》もお教えしてきました。しかしながら、それ以上に、“why to live”日陰に置かれ、風当たりの強いところに置かれても、なぜ生き続けなければならないかということをお教えしてきたと思います。その理由は、あなた方一人ひとりは、すでに愛された、価値あるものだからです。ひとの目にどう映るかはかまいません。ひと見るもよし、ひと見ざるもよし。

神の御まなざしのもとにあなた方一人ひとりはpreciousな（尊い）人だから咲かないといけないのです。

ちょうど一カ月ほど前、何年か前に皆さん方と同じようにこの記念館から卒業していった一人の卒業生が、思いがけない不幸に遭いました。一瞬にして夫を失い、自分自身も大けがをして入院を余儀なくされたのです。その人への見舞いの手紙への返事が十日ほど前に届きました。それにはこういうことが書いてありました。「今がいったいいつなのかわからない毎日を病院で過ごしました。はじめの一週間ほどは、あの時に死んでいたらよかったとさえ思いました。今の私は、人生は振り子だと思います。左へしっかり振らなければ右へ振ることはできません。私も振り子の運動をしようと思います。しっかり悲しんで、しっかり泣けば、反対に、しっかり生きることができるように思うからです。今まで本当に充実した結婚生活が送れました。これからは魅力のある一人の女性として、毎日をたいせつに生きていこうと思います」。まだ幼い二人の子どもを抱えて、この人は、この思いがけない嵐の中で咲こうとしています。仕方がないとあきらめてでなく、美しく咲こうとしています。

ここにいらっしゃる先生方、ご来賓の方々、そしてお父さま、お母さまは、あなた方一人ひとりが、いわゆる、バラ色の安楽な人生を送ってほしいと願っていらっしゃいます。しかしながら、それ以上に願っているのは、どんな困難な中でも咲く力が、あなた方の一人ひとりに与えられるということです。

私たちの創立者、マザー・ジュリーは、どんな困難の中でも、「神さまは善い方です」と言い続け、ほほえみを絶やさなかった方でした。そして、それは決して人間の世界につきものの苦しみとか、不幸とか、災難がないということを意味しているのではなくて、ちょうど、この一人の卒業生に与えられたように、どんな困難もそれを乗り越える力を必ず添えてくださる善き神さまがいらっしゃるということです。このことを忘れないでください。

今日、あなた方は、この大学を去ってゆくのでなくて、旅立っていきます。ですから「さようなら」と言わないで、愛をこめて、「行っていらっしゃい」と言います。それは、一つには、いつでも「ただいま」と言って帰って来られる大学だということです。そしてもう一つは、あなた方は、大きな使命をいただいて旅立っていくということです。神さまが置いてくださるところでお咲きなさい。自分が幸せになるとともに、あなたのほほえみと、あなたの生きる姿勢を通して、人々を幸せにするために行っていらっしゃい。

この大学は、春には雪柳とれんぎょう、やがて、つつじ、くちなし、あじさいが咲いて、夏がすんで、あなた方が秋に戻っていらっしゃると、あの一〇〇NDの外でいちょうの葉が色づきます。また、きんもくせいが薫り、冬のきびしい寒さの中で、山茶花と梅が咲く学園です。あなた方は、その花々から、多くを学んだはずです。つまり、咲くということの意味と、咲くためにはどれほどのきびしさが必要かということです。どうぞ、いつも咲き続けていてください。そして、神さまが、あなた方一人ひとりに咲く力を与えてくださるように、ノートルダム―聖母マリアが、あなた方一人ひとりに咲く勇気を与えてくださるように心から祈って、今日の告辞といたします。

（『昭和五十九年度〈第三十三回〉卒業式告辞』一九八五年三月）

花にとって一番たいせつなのは、
どこで咲くかではなくて、
またはほかの花と自分を比べて
見劣りするか見栄えがするか、
そんなことではなくて、
咲くということです。

時間に愛をこめる人に

今日から、ちょうど一カ月後に、瀬戸大橋が開通し、また、明日は、岡山に新しい空港が開港するという記念すべき年に、皆さん方は卒業をなさいました。今しがた、一人ひとりが、この壇上で卒業証書を受け取り、皆さまの方を向いて、キャップの房の位置を変えることによって、晴れて学士におなりになったことを、公になさいました。明日からの生活では、もはや、ガウンをまとうこともなく、今、手にしていらっしゃる卒業証書も、もしかすると、引き出しの奥深くしまわれることになるかも知れません。あなた方にとって、たしかにこの一年は、卒業論文を仕上げること、必要単位を充足することなどで、決してやさしい一年ではなかったと思います。しかしながら、明日から始まる毎日の生活を、大学卒らしく送り続けるということは、大学を卒業することよりも、もっとむずかしいことを意味しています。

二十世紀のイギリスの哲学者であり、科学者であり、国際時間学会の初代会長を務めたウィットロウという人が、『時間・その性質』という本の中に、一つのエピソードを語っています。それは、笑い話として聞き流すこともできるものであると同時に、深く考えさせるものをも持っている話です。

一人のロシアの詩人が、ロンドンを旅行しました。あまり英語の得意でないその人は、通行人を呼びとめて、"What time is it?"（いま、何時ですか）と問うべきところを、"What is time?"（時間とはなんですか）と聞いてしまったというのです。そして、当の英国人は、見知らぬ外国人から急に、「時間とはなんぞや」という問いを受けてたいへん慌てた、と書かれています。

皆さん方の、明日からの生活時間というものは、たぶん、今までの四年間のそれと比べて、朝起きる時間も、一日のスケジュールも、一年の区切りも、異なったものとなり、そして、多くの方々にとって、それこそ本を読む暇もないほどめまぐるしく、忙しい生活が待ちかまえているかも知れません。その中で、大学卒であり続けるということは、今のエピソードを例にとるならば、「今、何時か」という問いと、それに対する答えで終始せざるを得ないような忙しい生活の中で、なおかつ、「時間とはなにか」という哲学的な問いかけ、哲学的な思索を忘れないで一生を過ごすということといっていいかと思います。そして、それが実用主義というものに走ることなく、心の自由を育てることを目的とした、リベラル・アーツのこの大学の卒業生の証《あかし》ともなるのです。

人間には、一人ひとり、二十四時間が与えられています。お金のある人にも、ない人にも、健康な人にも、病気の人にも、お年を召した方にも、若い人にも、まったく一律に、共通にある時間、それは、ちょうど、あのデジタルの時計を眺めていると、いつの間にか数字が変わっていく、そんな、人間の外側を流れる時間、人間と無関係にたっていく、そういう時間があります。しかしながら、その同じ、すべての人に与えられた二十四時間を、一人ひとりは、その人しか送れない、つまり、その人の一生を刻む二十四時間として過ごしていかなければならないのです。実に、時間の使い方は、生命《いのち》の使い方だということができます。したがって、一人の人生の質というものは、その人が送る時間の質にかかっているといっても過言ではありません。

明日からの皆さん方のご生活は職場においても、家庭生活においても、四年間の勉学というものをもろに生かすことができる職場、生活であるかも知れません。しかしながら、中には、大学を出なくてもできる仕事に就かざるを得なかったり、きわめて平凡な時間を過ごすことを余儀なくされる、そういう方もこの中に必ずいらっしゃいます。そのような生活の中で、なおかつ、大学卒であり続けるということは、積極的に時間に働きかけて、時間を意味のあるものにしながら生きていく、ということなのです。私は折りあるごとに、皆さんに「この世の中に、雑用はありません。あなた方が、用を雑にした時に、雑用が生まれるのですよ」ということを言ってまいりました。一生の終わりに、もし私たちが、「私の人生はつまらなかった」というとしたら、人生は、私たちに向かって、「あなたこそは、あなたの人生を意味あるものにも、つまらないものにもすることのできる唯一の人でした」と答えることでしょう。

この大学で受けた自由教育――リベラル・エデュケーションというのは、どのような条件のもとに置かれていても、それに屈することなく、それらの条件から自由になって、自分しか送れない一生を自分らしく送る、その自由人の育成でした。繰り返しますが、時間の使い方は、生命の使い方です。人生の質は、その人の過ごす時間の質にかかっています。

聖書に「コリント前書」という箇所があって、その十三章にこう書かれています。たといわたしが、人々の言葉や天使の言葉を語っても、もし愛がなければ、わたしはやかましい鐘や騒がしいドラと同じである。たといまた、わたしが予言する力を持ち、あらゆる奥義とあらゆる知識とに通じていても、また、山を移すほどの強い信仰を持っていても、もし愛がなければ、わたしは無に等しい。たといまた、わたしが自分の全財産を人に施しても、また自分のからだを焼かれるために渡しても、もし愛がなければ、一切は無益である。

つまり、行為に先立つ愛の重要さというものが説かれていて、どれほど知識があっても、どんな大事業を成し得たとしても、その知識が、愛に変わらない知識であれば無駄だということ、どんな大事業も、それが愛に促されてされるのでなければなんにもならない、ということが、ここに記されています。

それは、反対から言えば、愛があれば、それが、たとえ小さな愛であったとしても、その行為には価値があるということを言っているわけです。たとえ寝たきりの病人になったとしても、または台所の隅で一日中じゃがいもの皮をむくような、そういう時間を過ごしているとしても、それが、誰かのために、世界中で苦しんでいる人、悩んでいる人、または飢えている人々のため、戦火にさらされている人々、そういう人たちを考えながら、その人たちに慰めが与えられるように、平和な生活が訪れるようにという愛をこめて行われた時に、その小さな行為、その過ごされる時間というものには、永遠の価値が与えられ、神の御まなざしの前に、財産家が多くの寄付をするよりも、政治家が大きな事業をするよりも、尊くうつるのだという価値観が、ここにございます。そして、この大学は、皆さん方に四年間、この目に見えないたいせつなもの、「愛」というものの存在と、その愛を、いかに深め、いかに広めていくか、ということをお教えしてまいりました。

毎年の卒業生を送るように、皆さん方にも、「さようなら」と言わないで、「行っていらっしゃい」という言葉で送り出します。大学卒として、忙しい生活の中で、それに流されることなく、哲学的な思索を続けるために、考え、選び、自分の決断に責任を取っていく、人格としての生き方を、大学卒らしく続けるために、「行っていらっしゃい」。そして、ノートルダム清心女子大学の卒業生として、どんな時にもほほえみを忘れず、今恐ろしいほど、愛の欠如しているこの世の中に、あなた方が小さな愛でいいから、その愛を流し入れて温かくするため、この世の中の温度をもう少し高めるために、どうぞ「行っていらっしゃい」

あなた方が残してくださったノートルダム・スクエアの花々が、四季折々に美しく咲き、あなた方にとって思い出の多いあのいちょう並木が、秋になると黄金色に輝くことでしょう。いつでも「ただいま」と言って戻っていらっしゃい。特に苦しい時、悲しいことがあった時、悩んでいる時に、〝忘れもの〟を取りに戻っていらっしゃい。先生方とご一緒に待っています。

時間に愛をこめて生涯を送った二人の女性、一人は、ノートルダムと呼ばれる聖母マリア、そしていま一人は、この大学の創立者であるマザー・ジュリーが、あなた方の傍らにいつもいてくださってお守りくださるようにと心から祈り、願って、今日の告辞を終わります。

（『昭和六十二年度〈第三十六回〉卒業式告辞』一九八八年三月）

時間の使い方は、
生命《いのち》の使い方です。

第3章

どんなときも大切なこと

愛は溢れゆく

かれこれ十数年、私はカトリック修道女の生活を送って来ました。仏教の尼僧の生活から類推してでしょうか、失恋の結果とか、それに類した理由から世をはかなんで、つまり人からの愛が得られなかったために、神の愛に身を落ちつけたかのように思われがちです。

私とても、幼い時からこのような生活に入ろうなどとは夢にも思っていませんでした。私の生活の中には世をはかなむ要素が全然なかったわけではなく、九歳の時に父を失いました。それも雪が真白に積もった朝、鮮血をほとばしらせて父は死にました。二・二六事件という出来事が当時の日本と、日本の将来にどういう影響を与えるものであったかということは幼な心になにもわかりませんでした。しかし、自分の目の前で父の身体が機関銃にうたれて蜂の巣のようになり、やがて数人の兵に銃剣で切りつけられて息絶えた光景は、三十数年たった今日もあざやかに脳裏にやきつけられています。朝のしじまを破って耳をつんざく銃声、トラックに満載されて来た兵卒の怒号、叫喚、兵を阻止する母の声はいまだに耳に残っていますし、ピストルを握ったまま息絶えた父の姿、そして部屋の壁といわず天井といわず飛散していた肉片は目にやきついています。同じ部屋にいた私は、父の死の唯《ただ》一人の目撃者でした。

このような経験をしたということは、しなかった場合と比べて、たしかに私の生き方に何らかの影響を与えたに違いありません。生命のはかなさも知りましたし、人間の恐ろしさも知りました。しかしながらそのためにキリスト教に入信し、やがて修道院入りをしたという、週刊誌の喜びそうな動機もなければ、一方、教育総監の任なかばでたおれた父の遺志をついで教育の道に進むといった殊勝な心がけも持ち合わせていませんでした。人が生涯の方向を決定するにあたっては、過去の出来事にも左右されましょうが、むしろ、将来への志向によるべきだと思うのです。

父の死後も、私にはいっこうに宗教心が芽生えず、法事はうとましいものでしかありませんでした。母は、そんな私を心配してか、四谷にあるミッションスクールに通わせることにしました。当時は高等女学校でしたから、五年間、その雰囲気の中にすごしながら、キリスト教のキの字にも関心を持たないまま卒業して専門学校へと進みました。この頃、私の心を占めていたものといえば名誉心でした。天才でもないくせに、人一倍負けずぎらいの私は、ただ努力に努力を重ねて、女学校も、専門学校も、その後さらに進んだ大学も全部答辞を読んで出たものの、心は荒れていました。高慢な自分の心に我ながら愛想がつき、やり切れない思いでいた時に、女学校でピアノを習った修道女、人間的に私が大そう尊敬していた方が聖書を渡してくださいました。

毎日十五分ずつ読んでごらんなさいというお言葉を守って読んでいたある日、次の聖句が目に入ったのです。「苦労して重荷を負うものは自分の許に来るがよい。そこに心の休息を見出《みいだ》すだろう」。休息、心の平安に渇き切っていた私は、今考えても不思議なほど、すなおに教えを学んで、終戦の年の四月に、母校の聖堂で洗礼を受けました。ちょうどその前日に大空襲があって交通機関は途絶え、私は荻窪《おぎくぼ》の家から四谷の学校まで歩きつづけました。母はもちろん洗礼には大反対でした。その理由は、父が仏教で死んでいるからということでしたが、さすがの母も連日連夜の空襲に明日の生命が保証されなかったという時であったためか、知らぬふりをしていました。

洗礼は受けたものの、自分の苦しみを緩和するため、不足を補うために、いわば便宜上求めた信仰はなかなか身につきませんでした。日本人はとかく、苦しい時の神だのみといって都合のよい時には神を求め、すがりながら、物事が自分の思う通りにならないと、神も仏もあるものかと言って後足で砂をかけるように去って行ったり、不足をさほど感じない時は神を無視し、忘れてしまいます。私の信仰も当時はそのようなものでした。洗礼に反対しただけに母の批判はきびしく、私はよく、

「それでもあなたはクリスチャンですか」

と非難されたものでした。そして母の言うことはもっともでした。なぜなら、洗礼を受けた後も傲慢でわがままだったからです。

そんな私に、信仰の生活を身をもって教えてくれたのは一人の外人宣教師でした。キリスト教を空気として吸った人のみが持つ生活にとけこんだ信仰、報酬を求めない親切、限りない許しをうけて私は目の開かれる思いがしました。ある意味で人間的な弱さを多分に持つこの人でさえ、このようにすばらしいのなら、この人が一生を棒にふって仕えるキリスト、家も、故国も、愛する人々もすてて教えを説かせるほどの魅力をもつキリストは、よほどすばらしい人に違いないと考えるようになりました。これが出逢《であ》いの持つすばらしさと言うものでしょう。その時まで、自分中心であった信仰がキリスト中心に切りかえられたのもその時です。それまで、自分の不足を補うものとして利用していた宗教が、自分の不足でなく、むしろ他人の必要に目をむけて、それに奉仕するものに変わって来たのも、この人の生き方に習ってのことでした。愛は溢《あふ》れゆくというのはほんとうです。

キリストが現に生きて、人々の間に生活するとしたら、かくやと思うように自分が思い、話し、振る舞うこと、つまりキリスト者とは、もう一人のキリストになることだと

悟ったのも、そのような生き方をしている人に出逢ったからに他なりません。聖書の中に、

「われわれが愛するのは、神が先に愛してくださったからである」

という言葉がありますけれども、このすでに私たちの周辺にある神の愛を人に気づかせることを、自分の一生の仕事にしようと思いたちました。かくて、失恋のためでもなければ、世をいとったからでもなく、むしろ世を愛するために、一人の夫、数人の子どもに自分を縛る不自由さから逃れて、自由に思い切り働かせていただきたいと思ってこの道を選んだのです。

ところで、毎日神への愛、人への愛に燃えて易々《やすやす》と仕事をしているかといえば決してそうではありません。修道生活にせよ、結婚生活にせよ、愛の恍惚《こうこつ》感に酔う期間と、愛の持続につとめなければならない時期とがあるのではないでしょうか。先日も一人の卒業生が訪ねて来ました。在学中はよく遅刻して来て、しかもその理由は朝どうしても起

きられないということでした。ところが最近結婚して、

「今は、朝五時半に起きて、主人のお弁当を作ったり、出勤の支度をするのですよ」

と事もなげに、むしろ楽しそうに話してくれるのです。その顔を見て、つくづく愛の力の偉大さを感じ、それに比べて大学の授業のつまらなさを思い知らされたことでした。一生、このようにいそいそと床から起き出せる毎朝がこの人につづくようにと、幸せいっぱいの卒業生の姿に祈りをこめると同時に、やがては起きたくない朝も来るに違いない。その時この人を床から起こす力は何だろうかと考えました。


人が朝、床から起き立つことができるのは、その日、愛するものがあるからだと言われます。遠足の日、新しい洋服に手を通す日、いとしい人と逢う日、そんな日は夜明けも待ち遠しく起きるのではないでしょうか。寝ていることの快さよりも、床のぬくもりよりも良いものが待っている時、起きるのは楽です。しかしながら、起きたくない朝もあります。その日、面と向かわなければならないむずかしい問題、逢いたくない人、決裁を迫られる事態等を予見して、心のおののく朝もあります。

管理、経営、人事というもっとも煩瑣《はんさ》な、かつ困難な仕事が自分を待っていると知ったら、私はこの道に入らなかったでしょう。しかしながら、人の一生というものはどこにいても決して自分の思いどおりにならないことも学びました。いったんその立場が与えられたなら、もはや「そうでなかったかのように」振る舞うことは許されません。私たちが、if……only……（もし……さえ……だったら……なのに）の生き方をする時、それは現実を逃避して、夢の世界、または幻の世界に生きているのです。そして夢、幻の世界に愛は育ちません。英語の挨拶に"How are you?"（いかがですか）を使います。しかしながら私たちの互いの挨拶はむしろ"Where are you?"（どこにいますか）でなければならないと言うのは、この大地に足をつけ、現実から逃げないで生きていますか、それとも白昼夢を見ていませんか、空中に楼閣を建ててそこに住んでいませんか、という精神の健康度をたずねる挨拶が人間にとって必要だからでしょう。

ケネディ大統領が好んだ言葉に次のようなのがあります。

「安易な生活を望むよりも、強い人となることを求めよ。自分の力に相応した仕事を望むよりも、与えられた仕事を果たすに必要な力を祈り求めよ」

私たちにとってたいせつな考え方だと思います。与えられた仕事を、そして生活を好きになることはできなくても、愛するように努力しなければならないのです。愛する力を自分の中に育てることは、私たちの一生の課題です。

愛するようになると言いましたが、愛とはそのように自分で努力して育つものなのでしょうか。金をふやす術《すべ》、名誉や地位を獲得する道は血眼で、必死で学びながら、これよりはるかに尊く、はるかに重要な愛を生み、育て、増してゆく術を私たちはあまりにもおろそかにしているようです。なぜかといえば一つには私たちが「愛する」ことよりも「愛される」ことに夢中になっているからです。今日の社会では、化粧品の広告も、服の丈も、整形技術も、果ては教養までが、いかにして人を魅力的に見せ、その「商品価値」をあげるかということの手段となり、人もまた、それらにたよりすぎている感がします。ところが、愛されるためにいちばん手近な道は、愛すべき人になること、つまり、愛情豊かな人に自らがなることだと思うのです。

かつて、イタリアのアッシジという小さな村に一人の聖者が住んでいました。名をフランシスと言い、その地方の名門の家に生まれ、何不自由ない生活を送りながら、ある日のこと、考えるところがあって、すべてをすてて神に仕える清貧の生活に入った人です。この人が説教する時は野の小鳥がその肩にとまり、獣は足許におとなしくうずくまって、神の話に聞き入ったと言われます。聖フランシスの平和の祈りとして知られているのが次の祈りです。

「主よ、私をあなたの平和の道具にしてください。憎しみのあるところに愛をもたらす人にしてください。争いのあるところにゆるしを、分裂のあるところに一致を、疑いのあるところに信頼を、誤りのあるところに真理を、絶望のあるところに希望を、悲しみのあるところに喜びを、闇のあるところに光をもたらす人にしてください。慰められるよりも慰めることに、理解されるよりも理解することに、愛されるよりも愛することに喜びを見出す人にしてください……」

愛の習得をないがしろにするもう一つの原因は、私たちが、愛の問題というとすぐ愛の対象を考えて、力としての愛を考えようとしないところにあります。愛を、自分と特定の対象との間の関係としてのみ捉《とら》えて、自分と全世界とのかかわり合いとして考えない場合、または自分の中にある「愛する力」の発露と考えない時、狭い、排他的、利己的なものになる危険性を多分にもってしまうのです。自分の子どもは可愛《かわい》いが他人の子どもは憎い、または自分の子どもが可愛い分だけ、よけい他人の子どもが憎いというような人は、愛の心、愛する力をほんとうに持っているのでしょうか、疑わしくなります。他人の子どもにやさしい言葉をかけたら損をするとでも、または自分の子どもへの愛が減るとでも思っているのでしょうか。人間の愛というものは、一定の大きさの器に入った水のように、その一部を汲《く》むと残りが減るといったものではありません。むしろ、泉のように、汲めば汲むほど、澄んだ水が湧《わ》き出て、使わなければ涸《か》れてしまう性質を持っています。愛を人間の中にみなぎる力として考えた時、それは、すべての人、物へのかかわり方となってあらわれるはずです。

信仰する人のなかにも、神への愛を人に分けると減るかのように思う人もいるようですが、これは本末転倒といわねばなりません。聖ヨハネは、

「私は神を愛すると言いながら、兄弟を憎むものは、いつわり者である。目で見ている兄弟を愛さない者には、見えない神を愛することができない。神を愛するものは、自分の兄弟をも愛せよ」

と言っています。ほんとうは、兄弟も目に見えないものであってくれたら、その欠点も目につかなくて愛しやすいのかも知れないのですが、たしかに私たちは、神を愛するのなら、その神が愛したもう兄弟たちをも愛すべきです。統一ある人間においては愛に分裂のあるはずはありません。

キリスト教は愛の宗教といわれます。キリストは、人間にとって第一の掟《おきて》も、第二の掟も愛の掟であると説きました。そして愛とは、とりも直さず、自分にしてもらいたい

ことを他人にしてあげる思いやりです。親切です。愛は手近にあります。恋愛が過去のものとなった人も、新婚時の恍惚感を喪失した人も、「愛」と縁がきれたわけでは絶対にありませんし、縁を切ってはいけないのです。毎日の生活に追われている人も、忙しくて忙しくて愛どころでないという人も「愛」と無関係の生活を送ってはいけないのです。

どんなに忙しい生活であっても他人の幸せを願うことはできるはずです。思いやることもできるはずです。というか、むしろ、自分の忙しさをこえ、自分の苦しみにもかかわらず他人を思いやり、慰め、その幸せを願うところにこそ愛があるのでしょう。自分の敵を愛するということはとてもむずかしいことです。でも「好きになれ」と言われているのではないのです。自分にはひどいことをした人かも知れないが、そのことを許して、やはり、相手の人も幸せを求めているに違いないと思い、もしそうだとすれば幸せになるように、と願うことならできないことではありません。

ある時、一人の新聞記者の方が逢いにいらっしゃって、いろいろ大学について取材な

さいました。気持ちよくお話をした後、いよいよお帰りになるという時に、急にあらたまって、

「実は私の叔父は、あなたのお父さまを殺した○○少尉だったのです。叔母が今も生きていますが、今日私があなたにインタビューするということを聞いて、お恨みになっていないかどうかお尋ねするように言われて来ました」

とおっしゃいました。

「いいえ、少しも」

とお答えして、私は自分が不思議なほど動揺しなかったことを嬉《うれ》しく思いました。東京、雪、血痕、機関銃、ピストル、さまざまのものが目に浮かびます。何度、父が生きていてくれたらと思ったことがあったか知れません。でも、敵をゆるすことを、そしてさらに愛することをきびしく求める宗教に入らせていただいたことに感謝しています。

嫉妬も、虚栄心も、憎しみも人一倍強かった私も、神の恵みと、すばらしい人々との出逢いによって、いろいろのことを教えていただきました。多分、死ぬまで自分と闘わ

なければならないでしょう。「人生は闘いだ」といったヨブの言葉がしみじみ胸にしみる日があります。人生はおあそびでないということ、人生とは一つの与えられた仕事であって、生きること自体が、つまり命を使うことが使命なのだということを習いました。終わりの日にその命の使い方について、仕事の与え主に答えなければならないのです。一生の間に何をしたかについてでなく、いかに果たしたかについて、愛をこめて果たしたかどうかについて答えなければなりません。それこそ真に、人間一人ひとりがもつ責任Responsibility（答える能力）なのだと思います。

「私はこの人生を一度しか渡らない。だから、もし何か善いことができるなら、もし私のまわりの人に何か親切ができるなら、今させてください。なぜなら、私は二度とこの人生を渡ることはないのだから」

ほんとうにそうです。親切ができる機会をのがさないで生きてゆきたいと思います。

（一九七三年十一月）

愛されるためにいちばん手近な道は、
愛すべき人になること、
つまり、愛情豊かな人に自らがなること。

友情のきびしさ

「友だちがほしい」という言葉をよく耳にする。ところで、一途《いちず》に友人を欲しがっていさえすれば友人が得られるかといえば決してそうではない。友人を持つという状態そのものは、私たちが友人以外に何か〝第三のもの〟ともいうべきものを持っていなければならないことを意味しているからである。

C・S・ルイスは友情について書いている中で、「あなたは、私と同じ真理を見ますか」という問いに対して、「何も見ません。関心もありません。私はただ友人がほしいだけです」と答える人の例をあげて、「何も持っていない人は、何も共有することができない。どこへも行こうとしない人は、道連れを得ることはできない」と言っている。

ある日のこと、一人の学生が来て、自分が不用意に言ったことばが友人を傷つけてしまい、いくら謝っても許してもらえないのだと涙を流して悲しむのだった。事のてん末を聞いた後に、「そんなに訳のわからない友だちとは、この際、縁を切ってしまったら」とアドバイスしたところ、淋《さび》しそうな後姿を見せて帰っていった。一カ月もしない中に再び現われたその学生は、「先生、やはり別れました。別れてよかったと思います。以前と比べて自由になれました」と礼を言うのであった。

真の愛——友情もその一つのあらわれであろうが——は決して相手を不自由にするものではあり得ない。真の愛とは、相手をより自由にするものでこそあれ、縛り、殺すようなものであってはならないのだ。自分の気に障るような言葉を言わない限りとか、他の人と仲良くしない限りといった自己中心的、排他的な条件のもとの友人関係は、結局、相手を自分の意のままにしたいとする所有主と所有物との関係ではあっても、対等の人格同士の交わりとは言えない。

武者小路実篤《むしやのこうじさねあつ》さんの言葉だったかに「友は友、我は我なり、されど仲良き」というのがあったように記憶するが、友情にせよ、親子、夫婦、恋人間の愛情にせよ、一人の人間が他のもう一人を所有し、支配するということは大それた所業と言わねばならない。たしかに愛情の一時期においては、相手に支配され、所有され、縛られることをむしろ喜びとし、それに酔うこともあろう。このような立場が保証してくれる安定性を快く感じる時もある。しかしながら、それは本来、自由であり、自分独自の世界に生きるべき人間の在り方ではない。そして人が本来の姿、主体性を喪失して生きる時、そこには真の幸せ、永続的な喜びはあり得ない。

真の友情は、ルイスが言うように、何かを共有し、同じ真理を見、一つの方向を目指して歩く人たちの連帯感の中に育っていく。同時にそれは、自分と違う存在、自分にはとうてい理解し尽くせない神秘的なものを、聖所ともいうべき存在の奥深い部分に秘めている相手への畏敬の念なしにはあり得ないものである。親子、夫婦間についても同じことが言えるのではないだろうか。理解と許容、そして未知なる部分への畏敬の、この両極間の緊張が相互の関係を常に新鮮に保って行くように思える。

ところで私自身は、特定の友人、または親友を持つという点で失格者と言わねばならない。今まで多くの方々と仲良くしていただきながら、ある一人をコンパニオンとして常に求め、嬉しいにつけ、悲しいにつけその人の許に走り、分かち合うという相手を人間の中に持ちそこねてしまった。人間不信ではないけれども、経験を通して一人の人間がもう一人の人間を理解することの限界を思い知らされた私は、自分を護《まも》るためかも知れない、距離を置いて人とつき合う術をいつしか身につけてしまったようだ。淋しいと思う時もある。損な性分だとも考えている。しかしそれはまた、自分が自由であるために払わねばならない代償だとも思う。一人の人を愛したら命がけで愛してしまう自分、相手にすべてを捧《ささ》げ、同時に相手を独占しなければ気が済まない自分の性分を知ってのことなのだから。

友情は美しい。幼稚園のこどもたちが手をつないで歩くあどけない姿から、若者同士のひたむきな友情、そして人生のたそがれ時の茶のみ友だちにいたるまで、それは孤独という運命を背負って生まれ、暮らし、死んで行く人間同士が寄り添いながら生きる「人」という字にふさわしい姿と言えよう。

ルイスは『四つの愛』という著書の中に、「人はエロスの愛によってこの世に存在しはじめ、愛情《アフエクション》の愛をうけて育ち、友情という愛に生き甲斐《がい》を得、神愛《アガペ》によって救われる」と書いている。実に友情は人生の支えであり、人生を豊かにするものである。しかしながら友情がそうであるためには、そこにまた、きびしさもなければならないのだ。

（一九七七年六月）

友情は人生の支えであり、
人生を豊かにするものである。
しかしながら友情がそうであるためには、
そこにまた、
きびしさもなければならないのだ。

ありのままの姿で

今年のはじめであったか、西独作家ミヒャエル・エンデの本『はてしない物語』がNever Ending Storyとして映画化され、話題を呼んだ。三年前にこの本の日本語訳が出た時にも読んだのだけれども、この際もう一度読んでみた。

あるところにファンタージェンという国があって危機に見舞われている。国内に虚無が拡《ひろ》がりはじめ、女王幼《おさな》ごころの君の病いは重い。この状況を救うことができるのは、人間界から来て、女王に新しい名を奉《たてまつ》る者でしかない。

かくて、一人の少年バスチャンが人間界から訪れ、「月の子《モンデンキント》」という名を奉ることによって、ファンタージェンの国は救われ、その礼として少年は、幼ごころの君からアウリンという不思議なメダルを授けられるのである。

著者の言葉を借りれば、バスチャンは「小さくて、太っちょで、気の弱い」男の子、風采があがらないばかりか、勉強もできず、学校ではいじめられっ子であった。その日も実は、学校へ行きたくなくて古本屋に立ち寄り、そこで見つけた『はてしない物語』という本を店主に黙って持ち出し、学校の屋根裏に隠れて読みふけっているうちに、いつの間にか物語の中に入り込んで、ファンタージェンの国に来たのであった。

さて、不思議なメダルは、それを持つ者の望みを叶《かな》えるメダルであった。小さくて太っちょのバスチャンが一番先に願ったのは他でもない、すらりとした美少年になることであった。次に、気の弱い、いじめられてばかりいた少年は、ライオンはおろか騎士たちを従える勇者になることを願い、勉強のできなかった彼は、どんな難しい事態も解決する賢者になることを願う。そしてそれらの願いは一つひとつ叶えられてゆく。

ところが、アウリンは一つの望みを叶えるごとに一つの記憶を奪うメダルでもあった。バスチャンはいつしか、自分がかつて住んでいた人間界のこと、学校のこと、父親のことを忘れ、果ては、自分の名前、つまり自分が誰であったかということまで忘れてしまう。そんな少年に、後一つだけ願うことが許されていた。その願いの如何《いかん》によっては、彼は最後の記憶を失って永遠に人間界へ戻れなくなるかも知れない。だから最後の望みは「本当にほしいもの、真の意志」でなければならなかった。

最後の望みを何にしようかと考えめぐらすバスチャンは、その時「もはや、もっとも偉大なもの、強いもの、賢いものでありたい」とは思わず、そういうものと関係なく「あるがままに愛されたい」と願うようになっていた。そして、バラの花の咲き乱れる森の小径《こみち》を通って「変わる家」に辿《たど》りついたバスチャンは、そこでほんとうにほしいものを見出す。それはあらゆる点で、これまでの望みとはぜんぜん違う欲求、「愛したい」という欲求であった。

この望みとともにバスチャンは変わる。まず姿が、もとのままの小さくて太っちょの自分に戻ってしまうのだ。しかし、もっと変わったことに、バスチャンは、その自分を愛せるようになったのだ。そして彼は「生きる悦《よろこ》び、自分自身であることの悦びに溢れた」のであった。バスチャンは悟る。「世の中に悦びの形は何千何万とあるけれども、それはみな、結局のところたった一つ、愛することができる悦びなのだ。愛することと悦び、この二つは一つ、同じものなのだ」

六百ページにも及ぶ『はてしない物語』は一見SF小説的である。しかし、それを貫くテーマは〝愛〟であり、一人の男の子が〝自分自身を悦びとする〟つまり、ありのままの自分が愛せるようになる遍歴の物語といってよい。私たち一人ひとりの人生の旅も結局、自分自身への旅でしかない。空想の自分から現実の自分へ立ち戻り、その自分を愛してゆく旅である。

優しさということを考える時、私たちはとかく「他人」に優しくすることばかり考えて、それ以前に「自分」に優しくすることを忘れがちである。「どうしてお前は、もっと他人に優しくできないのか」と自分を責めたりしている。しかしながら、他人に優しくできるためには、まず自分自身に優しくならなければならないのだ。それは決して、自分に甘い点をつけるとか、いい加減に生きるということではなく、ましてや利己的に生きることでもない。それはどんなに惨《みじ》めな自分も、それを受け容《い》れてゆくということである。

「我ながら呆《あき》れる」ことや「まったく嫌になる自分、愛想のつきる私」というものが必ずある。あるのが当たり前である。誰しも「惚《ほ》れぼれする自分」であったらどんなにいいかと思いながら生きている。しかし現実は、期待に添っていない自分を見出すことの何と多いことか。そんな自分に失望することなく、そんな自分を否定したり、いじめたりすることなく、「お前は馬鹿だね」と話しかけながら仲良く暮らしてゆくことが、自分への優しさなのである。


愛されようとして、ありもしない姿に見せかけることがある。バスチャンも、愛されたい一心で、美少年になること、強く、賢くなることを願った。それらの願いの叶うところは所詮ファンタージェンの国、ファンタジー（空想）の国でしかなく、したがってその姿は虚構のものでしかなかった。しかも、一つの〝ありもしない姿〟になる度に、彼は記憶を一つずつ失い、自分が来たところ——現実から遠ざかってゆくのであった。

自分が誰であるかさえ忘れかけた彼を、非現実の世界から現実、人間界へと戻らせたものが、「愛したい」という願いであったということは、愛がいかに現実的なものであるかということを教え、しかも、自分自身を愛することこそが、人間であることの根本的な条件であることを教えてくれる。

嫌いな人と絶えずともにいることは、何とも辛《つら》いことである。不機嫌にならざるを得ない。それを避けるために、私たちはできるだけ嫌いな人とは離れていようと努め、その人が右へ行けば左へ、東へ行けば西へ行こうとする。しかし、嫌いな他人とは別れられても、自分とは別れられないと知らねばならない。つまり、自分を愛せない人は、絶えず嫌な自分とともにいなければならないのである。こんなに辛いことが他にあるだろうか。

ファンタージェンの国は今日も実在している。そして私たち一人ひとりは、他ならぬバスチャンなのかも知れない。「小さくて、太っちょ」の自分に嫌気をさし、絶えず「○○さんのようになりたい。こうありたい。ああなりたい」と空想にふけっている。そしてその空想の世界に入りこめば入りこむほど、現実から遊離してゆき、自分のアイデンティティを失ってゆく。

現実に戻る道はただ一つ、ありのままの姿で愛されたいという道を辿って、〝愛したい〟という〝真の意志〟を見出すことにある。

アッシジの聖フランシスコが「平和の祈り」の中で祈り求めている。

主よ　我をして
慰められるよりも慰めることを
理解されるよりも理解することを
愛されるよりも愛することを
求めしめ給《たま》え

この祈りは案外、「他人を慰め、理解し、愛する」ことを願っているのでなく、まず、自分が自分自身に優しくすることができるようにと願っているのかも知れず、しかも、それが心に平和を抱いて生きる秘訣《ひけつ》であることを教えているのかも知れない。『はてしない物語』は、愛の物語である。聖書にも「愛はいつまでも絶えることがない」（コリントⅠ、13・8）と書かれている。

女性の平均寿命が八十歳を越えた今、仲良しの自分とともに住むことを、若いうちから習っておかねばなるまい。

（一九八五年九月）

私たち一人ひとりの人生の旅も結局、
自分自身への旅でしかない。
空想の自分から現実の自分へ立ち戻り、
その自分を愛してゆく旅である。

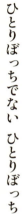

ひとりぼっちでない　ひとりぼっち

「ひとりぼっちでない　ひとりぼっちになってみたい」。数年間の結婚生活が破れ、その後、都会に出て一人で生活しながら働いている卒業生からの手紙に、そう書いてあった。「今の私は、ほんとうの〝ひとりぼっち〟なのです」

この人が言いたいことは、人間というものは結局ひとりぼっちなのだ、ということはよくわかっているのだけれども、そのような理解、そのようなあきらめを、愛し、愛されている状況の中で味わってみたいということのようだ。

これは一種のぜいたくというものだろう。しかしながら、このような願いを誰もが多かれ少なかれ抱いているということも、また事実である。自分を無条件に受けとめてくれる大きな手の中での安定感を持ちながら、人間の本質的孤独にひたれる人は、だから、幸せな人と言わねばなるまい。

それはあたかも、喫茶店なりレストランに入って、人を待っている時の気持ちにも似ている。遅れて来るかも知れないが確実にやって来て、自分の正面に腰を降ろすであろう人を待っている時には、周囲がどれほどさんざめいていようが、カップルが楽し気に食事をしていようが、羨《うらや》ましいとも思わず、みじめな気持ちにもならない。なぜなら、やがてそこに坐《すわ》る人がある空席は、心理的には実は空席ではないからなのだ。

卒業生が今味わっている淋しさは、そこに坐る人のない空席を前にしている一人身の淋しさといってもよいだろう。

この種の淋しさもたいせつにしたいと思う。なぜなら、loneliness（淋しさ）は、solitude（孤独）という人間の本来の姿に眼《め》をひらかせるために、通らなければならない道程におかれている飛石のようなものだからである。

私が修道生活を自分の生きる道として選んだのは、今から二十五年前、二十九歳の時であった。私をよく知る人は口を揃《そろ》えて反対し、「信頼できる人がいたら結婚した方がよい」と言ったものである。私は〝淋しがり屋〟で通っていたからである。

それまで、ただの一度も親許《おやもと》を離れて寄宿舎生活などした経験がなく、母と兄と三人の気ままな生活で、好きな事の仕放題をしていた私は、兄の言葉によれば「とうてい長続きしない」と考えられ、母は母で、戻って来ても困らないようにと、衣服、持ち物等をたいせつに取っておいてくれる始末であった。

周囲の反対、不安を押し切って入った修道生活には、言われた通りの辛いこともたくさんあった。まだ闇夜としか思えない時刻の起床、宵の口からの就寝、掃除、洗濯といった単純作業、そして、俗世を離れても結構ついてまわる人間関係……しかしながら、不思議なことに、その中で、いちばん辛かったのは「ひとりぼっちになれない」ということであった。

間もなくアメリカの修練院というところに派遣された私は、百数十人の同輩の中につっこまれた。四人一部屋という大部屋は薄いカーテンの仕切りだけ、それも夜寝るだけの場所で、他の作業はすべて、読書も勉強も共同であった。鐘の音を合図に一斉に起床、就寝、食事、祈り、すべてが〝いっしょ〟であった。夕食後にはレクリエーションという定められた時間があって、いこいの一時さえもが、皆とともに過ごすべく義務づけられていた。このように「いつも誰かがともにいる」生活の中で、淋しがり屋の私は、ともにいるということが、決して身体的に接近して在ることではなくて、もっと異なった次元でなければ、それは淋しさを増しこそすれ、必ずしも癒《いや》すものでないことを、身をもって学びとって行った。そして同時に、大勢の中にいながら自分固有の空間をつくり出し、忙しさの中で、自分しかつくり出せない時間を生むことをも学んだように思うのである。

母が私をみごもったと知った時、母は生みたがらなかったらしい。四十四歳にもなっていたからである。「女が子どもを生むのに、何の恥ずかしいことがあるものか。生んでおけ」という父のとりなしで生んでもらえた私には、だからであろうか、いまだに「生まれて来てすみません」という負い目がある。「生きていていいのだろうか」という遠慮があって、生きる自信といったものを人並み以下にしか持ち合わせていない。

胎内において自分の存在価値を認めてもらえなかった人間が、生きて行く勇気を持つのは「愛され、認められる」ことによってでしかない。

私が宗教に入ったのには、多分に、無条件に自分の存在を認めてくれ、ありのままの姿で受け入れ、愛しつづけてくれる者への全面的委託と帰依《きえ》の願いがあったように思う。信仰に入るきっかけとなった聖書の言葉は、「重荷を負って苦労している者は皆、わたしのもとに来なさい。休ませてあげよう」というキリストの呼びかけであったし、もし、好きな聖句はと問われれば、「わたしが来たのは、正しい人を招くためではなく、罪人を招くためである」と何のためらいもなくあげることができるほど、私には「優しさ」が魅力であった。

修道生活を選んだのも、決して一生を世のため、人のために尽くそうとか、神に己れを捧げ切ろうというような殊勝な考えに初めから促されてのことではなく、自信が無い反面、非常に激しい気性を持つ自分が、平安な心を持って生活するために、決して裏切ることのない神にすべてを賭《か》けたいと思ったからである。

私は嫉妬深かった。今でもそうなのかも知れない。自分が愛され、または好意を持たれているかということに人一倍敏感であった。

森本哲郎氏が『ことばへの旅』の中で、嫉妬とは、愛の権利を侵害された愛の所有者の怒りであり、また愛の想像力であると述べている。つまり、自分の愛の体験を別の人間に移して想像し、その想像で我が身をさいなむ、拷問のもっともすぐれたものだというのである。

英語で嫉妬はジェラシーであるが、また、グリーン・アーイズ（緑の目）を持っているという表現も使う。これはシェークスピアの『オセロー』の中に
おそろしいのは嫉妬です。

そいつは緑色の目をした怪獣です。

こいつときたら、人の心をさんざん食いものにし、
苦しめ、もてあそぶんですからね。

とあるイアーゴーの言葉に基づくものであろうが、嫉妬とは、ほんとうに苦しいものだ。

修道院に入る前、職場で働いていた時、私には好きな人がいた。私の安定感は、その人に認められ、特別に目をかけてもらうことにあったように思う。事実、そうされていたにもかかわらず、自信のない私は、その人がオフィスの他の女性たちにどのように話しかけ、振る舞っているかが絶えず気になってならなかった。私には、その人が同僚の女性と親し気に語らっていたり、楽し気に談笑したりする様が、そのまま、私の地位を揺るがすようでいやであった。

ある日、タイピストが腕に怪我《けが》をしたことがあった。その朝も、重役出勤した私がオフィスのドアを開けると、あろうことか、その人がタイピストの腕をとり、ゆるみかけた包帯を巻き直しているではないか。私は咄嗟《とっさ》に身をひるがえしてドアを閉め、しばらく戸外を悶々《もんもん》として歩きまわったことがある。

淋しかった。その人が他の女性に優しくしていることもさることながら、そんな態度にしか出られない自分が情けなかった。人間には、頭でわかっていても、心がついていていかない苦しみが何と多くあることだろう。

その後三日間ほど有給休暇をとって海に行った。大きな大きな海を眺めているうちに、「孤立」していた自分が「孤独」に戻れたように思った。自分から他との連帯を拒否していたひとりぼっちの淋しさから、人間というものの本質的淋しさに思いいたり、それを乗りこえることこそ課題にしなければと教えられたのだった。

そんな思いを抱いて、済まない気持ちで職場に戻った時、その人は何事もなかったかのように優しく、温かく迎えてくれた。私はその包むような大きな愛に、その人が信じていた神の愛の片鱗《へんりん》を垣間《かいま》見た思いがしたと同時に、自分の小ささを恥じたものである。

嫉妬というものが、何も生み出さない空《むな》しい想像力の働きであること、それはその人を醜くこそすれ、決して美しくするものではないことをしみじみ悟った一つの機会であった。

そしてこうも思った。もしあの時、怪我をした人に全然関心、思いやりを示さない人だったとしたら、果たして私が尊敬するにふさわしい人だっただろうかと。たしかに私の気持ちが求めていたのは、私だけを見つめ、私だけを関心事としてくれることであった。愛というものが、一つの対象との関係ではなくて、その人の全人格と、世界とのかかわりであることに気づくためには、このような苦しくもにがい経験を、その後もいくつか経なければならなかったのである。

「私だけを見つめていてほしい。私から目をそらさないでほしい」という願いは、愛し愛されている時に誰しもがまず持つ願いであろう。しかしながら、いつまでもこの状態で停止していてはならないのである。なぜならそれは、相手を縛ることであり、真の愛は、相手をより自由にこそすれ、拘束するものであってはならないからである。

神谷美恵子氏が、「愛するとは、互いにかけがえないものとして相手をいとおしむ心、相手の生命を、そのもっとも本来的な使命にむかって伸ばそうとする心」と言っているが、相手が自分本来の姿になるべく成長して行くことを許容するということは、すでに相手との間に必然的に生まれる距離、間隔を認め、一抹の淋しさを覚えながら、それに耐える愛の姿である。

かくて、愛には、距離を埋めるかけ橋となる「信頼」が必要となって来る。「私」以外のものを見つめていることに嫉妬することなく、その人の世界の拡がりをともに喜ぶことができるためには、信じるという英雄的行為が必要となってくるのだ。信頼のない愛は永続きすることができない。愛は信じ合っている時、美しい。

私が現在信仰を持っているのは、必ずしも「信じる」ことが容易だったからではなく、難しかったからだ、と言ったら矛盾に聞こえるだろうか。嫉妬深い私は、信じることが苦手であった。信じることさえできたら救われると頭ではわかっていながら、心は別のところにあるような毎日であった。

自分の存在に自信がない時、他人が、往々にして自分の存在を脅やかすものとしてうつることがある。自信がないくせに勝気であり、完全主義をめざした私は、僅《わず》かの中傷に傷つき、自分はダメな人間だと思い込んでしまうことが多かった。そして、傷つかないための自衛手段、惨めな思いをしないで済むための防御機制として、イソップの中に出てくる「すっぱい葡萄《ぶどう》」のように相手にケチをつけて胸を落ちつかせたり、はじめから自分自身を卑下することによって、他からおとしめられることのないようにしたのであった。それは不自由な生活であった。絶えず他人の出方をうかがい、他人をものさしとするものだったからである。

そんな時、一冊の本の中の短い言葉が生活の中を横切っていった。

「真の謙遜とは、自分を卑下することではなく、神のまなざしに映る自分の姿で、他人と接してゆくことである」

他人のまなざしばかり気にしていた自分、他人にどう思われるかに一喜一憂し、他人との力関係で自分を位置づけていた自分は何と愚かであったことか、なぜ自分に心の平安がなかったかと言う理由を教えてくれた一文であった。

アリストテレスが、「人間行為の究極の目的は eudaimonia つまり daimon（神）に守られることによる心の平和、安泰にある」と言い、アウグスチヌスが『告白』の中で、「主よ、御身に安らうまで、我が心に安らいを得ることはできなかった」と言ったのも、人間の心は何か人間以上のものとの対話なしに安らぎを得ないことを示したものであろう。

私が学長に任命されたのは三十六歳の時であった。その時以来二十年、いわゆる「上に立つ者」の淋しさは、同行二人の姿よろしくついてまわっている。言い訳したい時にしてはならないと自分に言いきかせ、人間関係で身動きがとれないような時にも、一人でそれに耐え、間断なく迫られる決断を祈るような気持ちで下してゆく。類似した経験をした人のみが知る淋しさである。「でも、あなたには神さまがいらっしゃるから」と人は言う。たしかに、人気《ひとけ》のないチャペルに行って祈る時、そこに「誰か」がいて聞いてくださることによって救われることは事実である。しかしながら生身の人間はやはり、同じ人間に聞いてほしい、わかってもらいたい、打ち明けたい気持ちを持つこともまた事実なのである。

「管理者としての淋しさがまだ足りませんね」と言われたことがある。十分すぎるほど味わっているのに、と心の中に思いながら、まだまだ自分に甘えがあることに気づかされる。人生の旅路は淋しさを道連れにして歩いてゆくものらしい。

その旅は前にも述べたように、loneliness から solitude への旅である。その瞬間瞬間の淋しさから、本質的孤独への旅である。だから、淋しさを安易にまぎらわしてしまってはいけない。いけないというより、むしろ、もったいない。それはちょうど、真っ暗な闇に電灯をつけたら「せっかくの闇がもったいない」という感覚に似ている。闇を十分に味わった人にして、はじめて光の価値を知るように、淋しさのオリをのみほした人にして、はじめて人とともにあるということの価値と同時に、マナーを知ることができるのである。

現代の社会は、この淋しさを遠ざけるために種々の工夫をこらしている。娯楽、アルコール、麻薬、おしゃべり、そして「忙しさ」

テレビのコマーシャル、バス、地下鉄、電車の中にかかっている広告のどれを取って見ても、それは人々の「淋しくない」または「淋しくならない」姿を描いているといっていい。若者が手をつなぎ、額を合わせ、同じグラスからジュースを飲んでいる。中年の夫婦が家族連れでドライブしている。老人を囲んだ楽し気な団らんの風情、それらは吊《つ》り革につかまって、それを眺めている淋し気な、疲れた人々の姿と何と対照的なことであろう。

ウォークマンを耳に、どことなく空《うつ》ろな眼をした少年少女たち、その人たちは自分だけの世界、孤独でなく、孤立の世界にたてこもっている人たちだ。だから、彼らからテレビ、ラジオ、ロックミュージックが取りあげられた時、彼らはまったくのひとりぼっちになってしまう。大人から「仕事」がとりあげられた時も同様だろう。

文明は数々の便利なものをつくり出し、科学は多くの神秘を解明した。医術の進歩は平均寿命を記録的にのばし、福祉の向上によって弱い立場の人たちには保護が与えられるようになった。すばらしいことである。喜ぶべきことである。

しかしながら、これら文明が「与え得ない」一つの分野が残されている。それは「人生の意味、人間の幸せ」の分野といってもいいだろう。文明はまかり間違うとこの分野を侵しかねない危険さえ持っている。機械化、自動化、ロボット、コンピューターの出現は、「人間しかできない」と思われた部分にどんどん進出して来て、人間にとって代わり、人間以上のことさえやり始めているからである。

人間が人間である限り、その心は意味を求め、愛を求める。自分は何のために生きているのか、今自分がしていることにはどういう意味があるのかへの答えが得られない限り、物も金も、虚《むな》しさを増すものではあっても、心を充《み》たすものではあり得ない。ニーチェが言っている。「生きるべき〝なぜ〟why を知る者は、ほとんどすべての〝いかに〟how に耐えることができる」

今や世は、ハウツーの時代になってしまっている。〝なぜ〟と問うことなしに。それは換言すれば、所有と能力を重視して、存在を軽視する世の中だといってもよい。それは、淋しい世の中である。

人とともにあるマナーとは何だろう。相互依存 interdependence という英語が independence 独立という言葉を中に含んでいるということは非常に面白い。つまり、ともにあるためには、まず個が確立されていなければならないということである。エーリッヒ・フロムが、「自分が一個の人格である時、はじめて他人と真の愛の関係に入れる」と言っているが、それは、連帯は、確固として個を前提とすることを言い表わしている。つまり、相手の所有物であったり、相手を愛玩物——もの——と見ているところに、ともにある姿はないのである。

個を確立するためには、自分のかけがえない価値への自信がなければならない。他人との比較における自信は、他人より優れている間はよいが、いったん自分に勝るものが現われた途端に崩れてしまう。かけがえのない価値は、「神のまなざし」にうつる不動の自分の姿を絶えず練磨してゆくことによってのみ得られる自信である。

その自分の姿を見つめることを恐れてはならない。いやむしろ愛してゆかねばならないのだ。気に入ろうと気に入るまいと、自分の姿である限り、否定してはならない。自分をいとおしむことのできる人は、「自分」というかけがえのない友を得た人ということができる。

「自分と仲違《なかたが》いするはずがないではありませんか。我が身かわいさに、他人と喧嘩《けんか》することはあっても」。ところが、落ち着いて考えてみると、他人との喧嘩のことのおこりは、自分自身とうまく行っていないことに由来することが多いのである。機嫌の悪い日というのは、他人に対してよりも、自分に腹を立てている日であることが多い。「いや、あの人が私の悪口を言ったからだ」と言うかも知れないが、実は、「悪口を言われるような情けない自分」に腹を立てているのである。

愛は近きよりという。Charity begins at home. まず自分を愛することができなくて、どうして他人を愛することができよう。これは利己主義ではない。利己主義というのは、いつも他人と比べて自分が楽をすること、得をすることを考えることである。それほど、自分というものがもろく、自信がなく、そうでもしなければ愛せない状態に置かれた人が取る行動である。

真に自分を愛するということは、弱く、もろく、欠点だらけの自分を、そのままの姿で受け容れてゆくことなのだ。「仕様がないね」と苦笑いしながら、そのかけがえのない自分に嫌気をさすことなく、愛想をつかすことなく、仲良く暮してゆくことである。

愛するものとともにある時、人は豊かであり、幸せである。たとえ、それが薄汚れた人形であっても、それを宝として抱きしめている子どもは、高価なフランス人形にまだ不足を感じ、満足できないでいる子どもよりも、はるかに幸せだといわねばならない。そうだとすれば、どこへ行くにもついて来て、いつまでたっても別れることのない者――自分――を愛すべき者と見ることのできる人ほど幸せな人はないと言えよう。その反対に、自分を厄介者と考え、嫌っている人ほど不幸な人はない。なぜなら、自分はどこまでも自分とともにあるからである。

今から四百数十年前、キリスト教がはじめて日本に渡来した時、宣教師たちは、「神の愛」の訳語として「デウスのごたいせつ」という言いまわしを使ったと記されている。人間一人ひとりは、身分、職業、性別、年齢にかかわりなく、デウスがごたいせつに思われるものであるということを言い得て妙である。その中でも特に神がごたいせつとされたのは、自信満々で生きている人々ではなく、孤独な人、貧しい人、罪人であった。

親鸞《しんらん》が「善人なおもて往生す。ましていわんや悪人をや」と言って仏の慈悲をあらわしたが、古今東西、人間の心を捕え、人間を救い得るのは、実にこのような無条件の愛ではなかっただろうか。

遠藤周作氏が、その一連の小説の中で描くのは、人間の「永遠の同伴者」としてのキリストの姿であった。奇跡を行う神としてでなく、勧善懲悪の正義の神としてでもなく、愚かしいまでに愛深い、ともにいる神としてである。

人間は、愛を呼吸し、愛を食べ物として生きている。その心は愛を求め、愛によってのみ満たされるのであるが、五感で確かめ得る愛は、ごく限られたものでしかない。そうだとしたら「信じる愛」に生きることこそ、人間が幸せに生きる一つの秘訣ではあるまいか。

私たち一人ひとりは、今日も「ひとりぼっち」の淋しさを味わいながら生きている。「ひとりぼっちでない ひとりぼっち」を味わいたいと願いながら生きている。レストランの片隅に腰を降ろして、前の空席にやがて坐るであろう人を待っている。

「世の終わりまで、あなたたちとともにいる」と約束した同伴者が、実はすでにその空席に来て、私たちを待っていたことに気づいていないで。

（一九八四年十二月）

他人のまなざしばかり気にしていた自分、
他人にどう思われるかに一喜一憂し、
他人との力関係で
自分を位置づけていた自分は
何と愚かであったことか。

生きるということ

新幹線があいもかわらず遅れて、修道院に帰りついたのは夜も十時半を少しまわっていた。玄関の扉をあけると、寮監のシスターが待ちかねたように「お帰りなさい」と言って迎えてくれる。「ああ、何かあったな」と嫌な予感がして、「留守中、何かありましたか」と聞くと、実は、と言って、その日の午後、一人の寮生が自宅で自殺したことを告げてくれました。

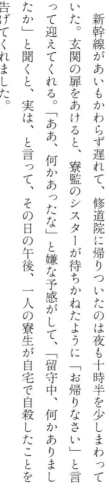

まだ、大学に入学して数カ月しか経《た》っていない一年生だった。五年前にもそんなことがあった。「二千人近い学生なのだから、時に一人、二人はありますよ」と慰め顔で言ってくれる人がその時もあった。そして今度も同じ慰め言葉を聞いた。

「人間、死ぬ気になったら、どんなにしてでも生きられたでしょうにね」と言う人もあった。しかし、どんなにたくさん学生がいようと、死んだ学生と同じ人はいないのだし、また、その本人にしてみれば、死んだつもりで生きることができなかったから死を選んだのだろう。直接の原因といって何もなく、ただ、田舎から出て来ていて都会や学校になじめず、淋しがっていたという。それを聞いて、済まないことをしたという思いが一層深くなる。

いつだったか、大学生を対象とした人格論の中で、人間の自由と責任について講義をした後、一人の学生が廊下で次のような質問をしたことがある。「先生は今しがた、自分で選んだことに対しては責任をとれとおっしゃいましたが、私たちは自分で選んでこの世に生まれて来てはいません。そんな時には責任もないのですか」

芥川《あくたがわ》の作品の中で、河童《かっぱ》の父親は、母の胎《はら》にいる子に尋ねる。「お前はこの世に生まれて来るかどうか。よく考えた上で返事しろ」。そしてお腹《なか》の子が「生まれて来たい」といえば産むという。

それに比べると人間の世界は不合理であり、勝手なものである。生きるという大変な責任のかかる事柄を、当の本人には一言の相談もなしに親が決めている。産む、産まないも親の勝手なら、産んで後、抵抗することのできない幼児をコインロッカーに押しこめるのも、高速道路に棄《す》てるのも親の自由と心得ている。そのあげくの果てに、子どもが一人前になると親は手をひいてしまって、生きることへの全責任はいっさい本人にかかってくるのだ。その点、河童の世界の方が筋が通っている。「両親の都合ばかり考えているのはお恥ずかしいですからね。どうもあまり、手前勝手ですからね」と父親河童は言う。

前出の学生の質問に対しては、「逆は必ずしも真ではない」ということで危うく身をかわしたものの、「生きる」ということを自由に選ばなかった者が、その一生のある時点で、なぜ生きねばならないかと問うのは当たり前だし、彼らに向かって生きる責任を説くのは実にむずかしいことだとしみじみ思った。

物事がうまくいっている間はいい。生きることもそれほどの重荷でなく、ありがたいと思える時さえあるのだ。ところが一旦物事がひどくこじれたり、他人から誤解されたりして生活に疲れてしまった時、自分はどうして生まれて来たのだろう、なぜ生きつづけないといけないのだろうと思うことがある。生きることが面倒になって、日なたに寝そべっている犬を見ても羨ましくなるのはこんな時である。

不治の病にかかって、結婚もできなくなり、一生この重荷を背負って生きなければならないことを知らされた一人の卒業生は、「どうして私だけがこんなに苦しまないといけないのか。どうして私を産んだのかと言って母にくってかかる時もある」と述懐した。自分の不節制で病気になったのならまだ諦《あきら》められるのにとも言った。

「一旦生まれたからには生きないといけない。自らともしたのではなくても、自分というろうそくにすでに火がともされているのだから、自分の手で消してはいけない。なぜなら、その火は偶然にともされたのではないからだ。私たちは生きていると思うから苦しいので、生かされていると思わなければ」。その人にそう言いながら、何とむずかしいことだろうと思った。自分が同じ立場にいたとして、この言葉が果たして納得できるだろうかと不安になった。

役に立っても立たなくても、生き甲斐が感じられる日も感じられない日も、気が晴れ晴れした日も滅入《めい》るような日も、生きないといけない。「なぜ」「自分で選んだのでもないのに」「生きるのに疲れているのに」。なぜだかわからないけれども、人間一人ひとりの心の奥に「生きなさい」と命令する声がある。そして死を恐れる本能的なものもある。

ポール・ティリッヒが『存在への勇気』という本の中に、「真の勇気とは、人間が彼の本質的な自己肯定に矛盾する彼の実存の諸要素にもかかわらず、彼自身の存在を肯定する倫理的行為のことである」と書いているが、生きることは、かくて勇気を要することなのだ。特に今、若い人たちは人間疎外の中で自分の存在への自信を失い、不安を抱いている。人口爆発と言われるほどの人ごみの中で、騒音公害に近い各種の音の中で、淋しさを味わっている。

キリストはこの世に在り給《たも》うた間、多くの人に生きる勇気をお与えになった。放蕩《ほうとう》息子にも、迷える羊にも価値があることを教え、石殺しにされようとした罪の女に、「わたしもあなたを罰しない。二度と同じ罪を犯さないように」とやさしく仰《おお》せられた。治癒を心から望みながら、それが言い出せない中風の病人に「なおしてほしいか」と問いかけ、一人息子の死に、生きる勇気を失って声も出ないやもめには、だまって息子を生きかえらせておやりになった。キリストの生涯の間に、数知れない多くの人々は、ただ彼に見つめられただけ、ほほえまれただけ、または肩に手を置かれただけで、勇気づけられ、力づけられたことだろう。

「先生は覚えていらっしゃらないと思いますが」と前置きして、一人の学生が卒業間ぎわにこんなことを話してくれた。「ある日、何もかも空しく思えて、渡り廊下のところでぼんやり犬を見ていたんです。そうしたら先生が通りがかりに〝いい犬でしょう〟って言われました。何かその言葉で元気づけられたことがあるのですよ」。自分では全然覚えていないことだった。何気なく言ったのだろう。にもかかわらずその言葉にこの学生は慰められたという。私たちは毎日、何と多くの言葉を話すことだろう。しかし、その中のいくつが、人を励ましよろこばす言葉になっているだろうか。

「淋しかった」と言って若い生命を絶った人へのせめてもの回向《えこう》は、その思いを抱いて今日も生きている人たちの存在に気づくことではないだろうか。神の托身《たくしん》の秘義もまた、そのようにして続けられてゆくのではないかと思う。

（一九七五年一月）

一旦生まれたからには生きないといけない。
自らともしたものではなくても、
自分というろうそくに
すでに火がともされているのだから、
自分の手で消してはいけない。

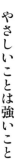

やさしいことは強いこと

自分らしく生きたいとは、誰しもが願っていることである。しかしながら、「そのように生きていますか」と問われたら、一瞬たじろいでしまう。自信を持って肯定できないからだ。「ほんとうは、そう生きたいのだけれども、周囲が、立場が、そして時間が許してくれないのです」などと言い訳してしまいそうな気がする。

新しい年、それも一九八〇年代を始めるにあたって、自分らしく生きるということをたいせつにしたいと思う。それは、わがまま一杯、他人のことはお構いなしに生きるということではなく、自分に与えられた生命を責任を持って使い、自分しかつけることのできない足跡をつけて毎日を生きるということである。それは案外、自分のわがままをおさえ、自分と闘いながら生きるということになってゆくのかも知れない。なぜなら、自分らしさということは、本来の自分のあるべき姿、なりたい姿というものと無関係にあり得ない生き方だからである。

人間は「期待に添って生きる」ことが多い。「ダメな子だ」というレッテルを貼《は》られている子は、ダメな子らしく振る舞うことによって受け容れられ、安定感を得るのである。

「何をさせても良くできる」と考えられている子は、なにをしてもすぐれていなければならないという重圧の下で、絶えず背伸びしながら生きるかも知れない。つまり、他人が考える「その人らしさ」というものがあって、人は多かれ少なかれ、その期待に応《こた》えて生きている。

それは多くの場合、その人間の平常の考え方、行動、態度などから生まれたものだ。「だから、あの人は今度の場合も、このように行動したり、考えたりするだろう」という予測と期待を生み、それに添っていて当たり前、ちょっとでも違うと「その人らしくない」ということになる。

このように定着したイメージをこわすには勇気が要る。「ダメな子」が「ダメでない子」になる転機というものは、その子にとって極めて新しい出発なのだ。新年は、そのような新しい出発に打ってつけの一つの折り目、切り目である。

一人の学生がこんな手紙を書いてくれた。

「小さな闘い――幼い頃よく聞かされた努力とか忍耐ということを、知識が多く入って来るにつれて、私はないがしろにしてしまったようです。理想や、大きな結果ばかり追っていました。……たいせつなのは、これら小さな努力の積み重ねではないでしょうか。小さな苦労をいとい、自分自身の生活をコントロールできなくて、どうして『神だ』『愛だ』と言えるのでしょうか」

大学三年のこの学生は、だから「小学生の道徳のようですが」と前置きして、「これからは早起きすること、一つひとつの授業に打ちこむこと、何ごとも後にまわさないこと、気分に左右されず、一定の時間勉強し、定刻に寝ることなどを自分に課して行く」というのである。これは、この学生にとって、実行するという決心であると同時に、いやそれ以上に、自己変革への決意と言ってよいだろう。

私はこの手紙を読んで、はからずも数週間前に手にした草野天平詩集に書かれていた言葉を思い出していた。

「いくら立派な詩を書こうとしても、詩的生活が安易で一般と大差なければ、形も精神も人を打たず、特別な響きなど到底生まれてくるものではない。詩の本質は憧れに向かって実際歩くことで、難しいのはこの身である。向う世界と歩き方の純粋さにある」

先述の学生の言葉ではないけれども、「神だ」「愛だ」といくら立派に説こうとしても、説く人の日常生活が安易に流れていて、そこにきびしさがないとすれば、その言葉も精神も人を打たず、人の心を動かすなど到底望めたことではない。難しいのは、いかに説くか以前の「この身」であって、いかに毎日を生きるかにある。

「小学生の道徳」のようなことでいい、というか、むしろ、それさえできていない自分が恥ずかしい。新しい年には、小さなことでいいから、一つずつ自分に課してゆくものをつくり、守ってゆこう。それが「自分らしさ」というものをつくってゆく近道ではないだろうか。

聖書の中に「神の国」についていくつかのたとえが書かれている。それは、庭に播《ま》かれた一粒のからし種のようなもので、いつの間にか大きな木に育ち、空の鳥がその枝に巣をつくるようになるだろう。また、パン種《だね》のようなもので、ねられた粉の中に入れられると、音もなくそれをふくらませて行くと。

もしも私たちが、この神の国にもたとえられる平和を心に持って生きたいと望むなら、やはり、小さな種子、またはパン種のような内に生命力を秘めたものをまず自分の心の中に播かなければならない。その生命力がいつか大木と育って人々にとって心の憩《いこ》いの場となり、パンとなって心の糧《かて》ともなるのであろう。

種子を播くという小さな努力が、とりもなおさず「憧れに向かって実際歩くこと」ともなるのである。憧れはキリストである。その憧れについて話をし、神学的に議論をすることはやさしくても、実際に歩みはじめることはなかなか難しい。

わずらわしい人間関係の渦の中で自分らしく生きてゆくには勇気が要る。自分はこうありたいという理想への現実的な忠実さが求められる。それは、悪意を持っているとしか考えられない相手に対して、なおかつ善意を失わないことかも知れないし、無礼な態度をとる人に礼儀正しさを崩さない毅然《きぜん》とした人格の在り方をいうのかも知れない。「心におさめる」ことを知っていたマリアのように、神との対話を優先する生き方であり、神のまなざしに映る自分の姿を絶えず正すことによって、他人からの評価にそれほど一喜一憂しない自分をつくり上げてゆくことでもある。

それは決して、ひとりよがりの生活をすることではなく、一つひとつの思い、言葉、行動に自分なりの意味を与えることによって、自分のものとしてゆく責任ある生き方への努力である。淋しさを味わわねばならない時が必ずあるだろう。しかし淋しさなしに個の確立はあり得ず、孤独をかみしめたことのない者に、他人への真のいたわりとやさしさは生まれない。

一九八〇年代は七〇年代にも増して機械化、自動化が押しすすめられる時代となるだろう。文明の進歩を手放しでよろこぶ前に、そのために人間が失いつつあるものにじっと目を注がなければならない。繰り返すことしかできない機械に対して、二度と同じ時間を過ごすことのできない人間が、そのかけがえない一生を充実したものとして過ごす一つの方法は「自分らしく生きる」ことではあるまいか。

一つひとつの物事に、一人ひとりの人に心をこめて接してゆこう。一日一日に自分の人格をきざみつけてゆこう。そこに自分にしかつけられない「生の軌跡」がつけられてゆく。自分らしく生きる強さは、他人にも「その人らしく生きる」ことを許す寛容を生み、相手をやさしく包んでゆく。

やさしくね、やさしくね
やさしいことは強いこと

宮城まり子さんの言葉が、そんな生き方を裏づけ、励ましてくれるようである。

（一九八〇年一月）

淋しさなしに個の確立はあり得ず、
孤独をかみしめたことのない者に、
他人への真のいたわりと
やさしさは生まれない。

本書は、一九八八年に山陽新聞社から刊行された『渡辺和子著作集Ⅰ　愛』『渡辺和子著作集Ⅱ　心』『渡辺和子著作集Ⅲ　信』『渡辺和子著作集Ⅴ　望』より、若者へのメッセージが語られた作品を精選し、収録したものである。

ちくまプリマー新書

287 なぜと問うのはなぜだろう　吉田夏彦

ある／ないとはどういうことか？　人は死んだらどこへ行くのか――永遠の問いに自分の答えをみつけるための、哲学的思考法への誘い。伝説の名著、待望の復刊！

238 おとなになるってどんなこと？　吉本ばなな

勉強しなくちゃダメ？　普通って？　生きることに意味はあるの？　死ぬとどうなるの？　人生について、生まれてきた目的について吉本ばななさんからのメッセージ。

148 ニーチェはこう考えた　石川輝吉

熱くてグサリとくる言葉の人、ニーチェ。だが、もともとは、うじうじくよくよ悩むひ弱な青年だった。現実の「どうしようもなさ」と格闘するニーチェ像がいま甦る。

284 13歳からの「学問のすすめ」　福澤諭吉　齋藤孝訳／解説

近代国家とはどのようなもので、国民はどうあるべきか。今なお我々に強く語りかける、150年近く前に書かれたベストセラーの言葉をよりわかりやすく伝える。

072 新しい道徳　藤原和博

情報化し、多様化した現代社会には、道徳を感情的に押しつけることは不可能だ。バラバラに生きる個人を支えるために必要な「理性的な道徳観」を大胆に提案する！

ちくまプリマー新書

285
人生を豊かにする学び方
汐見稔幸
社会が急速に変化している今、学校で言われた通りに勉強するだけでは個人の「学び」は育ちません。本当の「学び」とは何か。自分の未来を自由にするための一冊。

273
人はなぜ物語を求めるのか
千野帽子
人は人生に起こる様々なことに意味付けし物語として認識することなしには生きられません。それはどうしてなのか？　その仕組みは何だろうか？

079
友だち幻想
——人と人の〈つながり〉を考える
菅野仁
「みんな仲良く」という理念、「私を丸ごと受け入れてくれる人がきっといる」という幻想の中に真の親しさは得られない。人間関係を根本から見直す、実用的社会学の本。

134
教育幻想
——クールティーチャー宣言
菅野仁
学校は「立派な人」ではなく「社会に適応できる人」を育てる場。理想も現実もこと教育となると極端に考えがち。問題を「分けて」考え、「よりマシな」道筋を探る。

226
中学生からの大学講義 全5巻セット
知の最前線で活躍中の先生方による中高生向け講義収録。大学で学べることや学問の今がわかる。変化の激しい時代を生き抜くためにも、今こそ学ぼう。

chikuma primer shinsho

ちくまプリマー新書304

あなただけの人生《じんせい》をどう生《い》きるか　若《わか》い人《ひと》たちに遺《のこ》した言葉《ことば》

二〇一八年八月十日　初版第一刷発行

著者　渡辺和子（わたなべ・かずこ）

装幀　クラフト・エヴィング商會

発行者　喜入冬子

発行所　株式会社筑摩書房
東京都台東区蔵前二‐五‐三　〒一一一‐八七五五
振替〇〇一六〇‐八‐四一二三

印刷・製本　株式会社精興社

ISBN978-4-480-68327-4 C0295　Printed in Japan

乱丁・落丁本の場合は、左記宛にご送付ください。
送料小社負担でお取り替えいたします。
ご注文・お問い合わせも左記へお願いします。
〒三三一‐八五〇七　さいたま市北区櫛引町二‐六〇四
筑摩書房サービスセンター　電話〇四八‐六五一‐〇〇五三